소유구조와 재무의사결정 및 기업가치

소유구조와 재무의사결정 및 기업가치

송 영 렬 著

한국학술정보㈜

목 차

그림 목차

제1장 서 론

Ⅰ. 연구목적

기업의 소유구조[1] 문제는 Berle-Means(1932)가 미국기업에 있어서 소유와 지배의 분리현상을 실증분석하여 제시한 이후[2], Jensen-Meckling(1976)[3]은 재무적 대리이론(Agency Theory)의 시발점이 되는 논문(Seminal Paper)을 발표하였으며, Kim-Sorenson(1986)[4]은 소유구조가 자본조달 의사결정에 미치는 영향을, Rozeff(1982)[5]는 소유구조와 배당정책을, Stulz (1988)[6], McConnel-Servaes(1990)[7] 등은 소유구조와 기업가치 간의 관계

1) 소유구조란 누가 얼마만큼의 주식을 점유하고 있는가를 나타내는 주식분포 상황을 뜻한다. 즉, 대주주1인 및 그 가족들에 의한 주식소유의 집중정도가 얼마인가에 관한 것이다.
2) Berle, Adolf A. and Means, Gardiner C., The Modern Corporation and Private Property, The Macmillan Co., New York, 1932.
3) Jensen, Michel C. and Meckling, William H., "The Theory of the Firm: Managerial Behavior Agency Costs, and Ownership Structure", Journal of Financial Economics, Vol.3,1976, pp.82-137.
4) Kim, Wi Saeng and Sorenson, Eric H., "Evidence on the Impact of the Agency Cost of Debt on Corporate Debt Policy", Journal of Finance and Quantitative Aalisis, Vol.21, No.2, June 1986, pp.131-143.
5) Rozeff, M. S., "Growth, Beta and Agency as Determinants of Dividend Payout Ratio", Journal of Financial Research, Vol.5, 1982, pp.249-259.
6) Stulz, Rene M., "Managerial Control of Voting Right: Financing Policies and Market for Corporate Control", Journal of Financial Economics, Vol.20, 1988, pp.25-54.
7) McConnel, John J., and Servaes, H., "Additional Evidence and Equity Ownership and Corporate Value", Journal of Financial Economics, Vol.27, 1990, pp.595-612.

를 실증적으로 분석 하였다.

자유시장 경제와 자본주의를 채택하고 있는 선진국의 경우에는, 각국의 특수한 정치·경제·사회·문화적 배경을 반영하여 독자적인 기업조직형태를 발전시켜 왔으며, 우리나라는 개인이나 그 가족이 기업집단을 지배하는 개인자본주의 혹은 가족자본주의 체제가 계속 유지되고 있다.

자본주의 경제체제에 있어서 가장 핵심이 되는 경제주체는 기업이며, 대부분의 기업들은 주식회사의 형태를 취하고 있다. 자본주의 경제의 번영과 그를 뒷받침할 자본시장의 발달은 성숙한 주식회사제도를 바탕으로 가능할 수 있다.

주식회사는 주주·채권자 그리고 경영자 등 다수의 이해관계자들에 의해 맺어진 계약관계라고 볼 수 있다. 기업을 구성하고 있는 이해관계자들은 당연히 각자 스스로의 이익극대화를 위하여 최선을 다할 것이다. 그러나 경영자의 이기적 동기가 전혀 통제받지 않고 방치될 경우 필연적으로 주주나 채권자는 피해를 입게 된다. 궁극적으로는 투자자들이 기업을 불신하게 되고 기업에 대하여 자금공급을 중단할 것이다. 주식회사제도가 오늘날과 같이 번성할 수 있는 것은 경영자에 대한 감시 또는 통제가 적절히 이루어짐으로써, 기업에 참여한 여러 이해관계자들 간의 상호 불신의 문제가 해결될 수 있었기 때문이다.

우리나라 기업의 소유와 경영의 분리는, 이미 정부당국이 제7차 경제개발 5개년 계획에서 언급했듯이 피할 수 없는 과제로 등장했으며, 이에 따라 효율적인 전문경영체제의 도입은 그 실현가능성이나 부작용을 떠나서 이해당사자는 물론 국민경제적 입장에서 중요시 되고 있다.

세계경제가 고도성장의 단계를 벗어나 안정단계로 접어들고 있으며, 기업을 둘러싼 경영환경이 과거와는 달리 점점 복잡해지고, 기업이해관계자들의 요구가 다양화됨에 따라 유능한 전문경영인에 의한 효율적 기업경영과, 공정하고 중립된 입장에서 이해관계자의 이해조정은 소유구조에 관한 관심을 더욱 촉진시킨다.

또한 기존대주주가 아닌 일반인의 10% 이상 주식 대량소유를 제한하고 있는 증권거래법 제200조의 폐지문제는, 그 시행시기가 1997년 1월로 늦춰지기는 했지만, 우리나라 주식시장이나 경제계의 대전환을 재촉할 것으로 보인다. 그동안에는 대주주의 기업경영권을 법으로 보호해 주었지만, 앞으로 경영권은 기업 및 대주주가 스스로 보호해야만 된다. 주식매매를 통한 기업인수나 합병이 가능해지고 기존 대주주의 경영권 방어전략도 큰 변화가 불가피 해졌다.

따라서 증권거래법 제200조 폐지로 인한 인수·합병의 우려는 기업경영의 효율성 제고를 꾀하고, 경영권을 계속 유지하기 위해 배당 및 주주관리에도 관심을 높이며, 법적인 경영권 보호장치를 악용해 주식의 매매차익에만 관심을 쏟는 사례도 막을 수 있게 될 것이다.

그러나 기업이나 대주주가 경영권 보호문제에 지나치게 신경을 써 오히려 기업경영에 제약을 받거나 주식시장이 왜곡될 수 있으며, 대주주의 보유주식 매각 기피로 인한 주식분산과 대중화가 오히려 어려워질 가능성도 있다. 결국 주식대량소유제한제도의 철폐는, 우리나라 기업경영풍토와, 증권시장 그리고 투자관행에 큰 변화를 초래하게 될 것이다.

이와 같이 국민경제적인 요구와 경영환경 요인의 변화는 우리나라 상장기업들의 경영구조가 전문경영체제로 바뀌어야 함을 요구하고 있으나, 우리나라 기업들의 문화적 특성과 소유구조 속에서 바람직한 경영구조의 확립은 복잡한 문제이다.

이러한 시대적 요구에 따라 본 연구에서는, 우리나라 기업의 소유구조 및 재무적 특성을 알아보고, 소유구조가 기업의 재무적 의사결정에 미치는 영향과, 기업가치에 미치는 영향을 알아보기 위하여 다음 사항을 중점적으로 다루고자 한다.

첫째, 대주주[8]의 지분율과, 주요주주[9]의 지분율을 이용하여 소유구조 특성을 알아보고, 재벌기업과 비재벌기업 간, 업종별 그리고 대주주지분율을 중심으로 경영자지배기업(MCF: Manager-Controlled Firm)과 소유자지배기업(OCF: Owner-Controlled Firm)으로 구분하여, 소유구조 특성을 비교 분석하며, 최적의 소유구조가 존재하는지를 분석한다.

둘째, 부채비율, 배당성향, 주식투자수익률 그리고 총자본순이익율을 이용하여 상장기업의 재무적 특성을 알아보고, 제조업과 비제조업 간 재벌기업과 비재벌기업 간, 그리고 경영자지배기업과 소유자지배기업 간 재무적 특성을 비교 분석한다.

셋째, 기업소유구조 결정이론을 소개하고, 이들 이론으로부터 추출된 설명변수들을 이용하여 소유집중정도와의 관계를 알아보며, 각 집단 간, 소유집중정도의 유의적인 차이가 존재하는지를 분석한다.

넷째, 자본구조가 대리인비용과 관련이 있는지를 알아보고, 각 집단 간 부채발행에 있어서의 차이를 검증한다.

다섯째, 기업의 소유구조와 관련된 대리인비용을 측정할 수 있는 대용변수가 배당에 어떠한 영향을 미치는지를 알아보며, 각 집단 간 배당성향에 대한 차이를 검증한다.

여섯째, 기업소유구조가 기업가치에 미치는 효과를 알아보고, 각 집단 간 기업가치에 대한 평균값의 유의적인 차이가 존재하는지를 검증한다.

---

8) 증권거래법 제28조에 의한 대주주1인이라 함은 주주1인과 그와 대통령령이 정하는 친족 기타 특수관계인이 소유하는 주식의 수가 가장 많은 자를 말한다. 여기서 대통령령이 정하는 친족 기타 특수관계인이라 함은 국세기본법시행령 제20조 제1호 내지 제3호와 제10호 내지 제12호에 해당하는 자를 말한다.
9) 증권거래법 제188조에 의한 주요주주라 함은 누구의 명의로 하든지 자기의 계산으로 발행주식총수 또는 출자총액의 100分의 10 이상의 주식 또는 출자증권을 소유한 자와 대통령령이 정하는 자이다. 하지만 본 연구에서 주요주주라 함은 대주주1인과 그의 특수관계인을 포함시킨 5% 이상의 지분을 소유한 자를 말한다.

Ⅱ. 연구방법 및 구성

본 연구는 소유구조에 관한 기존의 이론적·실증적 연구를 검토하며, 우리나라 상장기업의 소유구조 및 재무적 특성 그리고 소유구조 결정요인을 알아 본 후, 소유구조가 재무적 의사결정과 기업가치에 어떠한 영향을 미치는가를 알아보기 위하여, 기대되는 요인을 가설과 함께 제시하고 검증한다. 이에 본 연구에서는, 1987년부터 1993년까지 7년간의 재무자료와 주가자료 및 대주주지분율을 이용하였으며, 표본기업은 다음의 기준에 의해 191개 우리나라 상장기업을 선정하였다.

① 1987년 12월 31일 이전 상장기업

② 1987년부터 1993년까지 계속 상장기업

③ 1987년부터 1993년까지 결산일(12월말) 변경이 없었던 기업

④ 베타계수가 0 또는 음의 값을 갖는 기업은 제외

⑤ 자본잠식의 기업은 제외

본 연구는 모두 7개의 장으로 구성되어 있으며, 구체적인 내용은 다음과 같다.

제1장은, 서론으로 연구의 목적과 방법 및 구성을 설명한다.

제2장에서는, 기업소유구조에 관한 문헌연구와, 기존의 실증연구를 통하여 이론적 고찰을 한다.

제3장에서는, 소유구조 특성을 알아보고, 업종별, 10대·30대 재벌기업과 비재벌기업 그리고 경영자지배기업과 소유자지배기업 간 소유구조 특성을 비교 분석한다.

또한 전체표본기업의 재무적 특성을 알아보고, 각 집단 간 재무적 특성을 비교 분석한다.

제4장에서는, 소유구조 결정요인을 알아보고, 소유구조가 재무적 의사

결정 및 기업가치에 미치는 가설을 추출하고, 회귀분석을 이용하여 가설검증을 실시한다. 또한 각 집단 간 소유집중정도, 부채의존도, 배당성향 그리고 기업가치의 유의적 차이를 검증하기 위하여 T-test를 실시한다.

제5장에서는, 결론으로서 본 연구를 전체적으로 요약한 후, 본 연구의 의의 및 한계점을 서술한다.

제2장 문헌연구

Ⅰ. 소유구조 결정 이론

1. 기업발전사적 이론

기업발전사적 관점에 의하면, 기업의 소유구조 및 조직형태는 기업의 외적·내적 환경의 변화에 따라 생산과정에서 발생하는 제 비용을 가장 효율적으로 통제할 수 있도록 결정된다. 18세기말 산업혁명 이전의 기업들은 대체로 영세한 규모와 단순한 성격의 사업으로 영위되었고, 기업경영에서의 주요 의사결정은 전적으로 기업소유자 또는 그의 가족에 의하여 이루어졌다. 이들 기업의 주요 자금조달 원천은 사업이익의 사내유보를 통한 내부자금 조달에 국한될 수밖에 없었고, 기업 소유권은 전적으로 개인 또는 그의 가족에게 편중되어 있었다. 산업혁명의 초기단계를 넘기면서 시장규모는 크게 팽창되었고, 기업들은 사업확장을 위하여 사업수익의 사내유보만으로는 도저히 감당하기가 어려운 막대한 규모의 자본을 필요로 하게 되었다. 기업들은 결국 외부자본조달에 의존하지 않을 수 없었고, 이러한 기업자금 수요의 급속한 증대에 힘입어 은행·보험회사 등 금융기관의 역할이 대폭 확대 되었다.

금융기관에 대한 자금 의존도가 높아지면서 기업경영을 위한 의사결정과정에 있어서 이들의 참여가 일반화되기 시작하였다. 즉 산업혁명을 계기로 기업의 자금조달 방식은 사내유보금 위주에서 금융기관 의존형으로 발전하게 되었고, 결과적으로 기업경영의 방식에 있어서도 가족경영형태로부터 금융기관의 경영참여형태로 바뀌게 되었다. Chandler는 이러한 산업혁명 이전의 경제구조를 가리켜 가족자본주의라 하였고, 금융기관의 영향이 개입된 경제구조를 가리켜 금융자본주의라 하였다.[10]

Chandler의 설명에 의하면, 기업의 발전과정은 이상에서 살펴본 가족자본주의와 금융자본주의의 단계를 거쳐서 궁극적으로는 전문경영자가 기업의사결정과정에서의 주요주체로 등장하게 되는 경영자자본주의의 단계에 이른다고 하였다. 그리고 경영자자본주의를 낳게 한 직접적인 원인은, 주식발행에 의존한 기업자금 조달방식과 기업경영에서의 전문지식의 필요성 때문이라고 하였다. 이러한 자금조달방식의 변화는, 기업경영에 대한 지배권의 소재가 주주 또는 은행·보험회사 등의 자본공급자들로부터, 자금의 공급과는 전혀 무관한 전문경영자에게로 옮아가게 하는 결과를 초래하게 되었다. 이상에서 제시한 가족자본주의, 금융자본주의, 그리고 경영자자본주의 등의 기업발전단계와 기업소유구조와의 관계를 요약하면 다음과 같다.

(표 2-1) 기업의 발전과정과 소유구조와의 관계

구 분	가족자본주의	금융자본주의	경영자자본주의
자금조달의 주요원천	사내유보금	사내유보금＋금융기관으로부터의 부채성 자금	사내유보금＋금융기관으로부터의 부채성 자금＋신주 발행에 의한 자금
소유구조 (소유권의 소재)	사주1인 및 그의 가족	사주1인 및 그의 가족＋금융기관	불특정 다수의 일반 투자자
지배구조 (경영권의 소재)	사주1인 및 그의 가족	사주1인 및 그의 가족＋금융기관	전문경영자

자료: 임웅기, 기업소유구조와 자본시장 발전, 한국신용평가(주), 1988, p.12.

---

10) Chandler, Alfled D., Jr., and Daems, Herman, Managerial Hierarchies, Cambridge, Mass: Harvard University Press, 1980, p.9.

Chandler는 위와 같이 소유와 지배의 분리를 자본과 금융, 기업의 규모 및 기술의 복잡성 그리고 시장에서의 경쟁 등에 의한, 기업발전에 따른 전문경영구조의 발전과정에 초점을 두어 분석하였다.

2. 에이전시 이론

에이전시관계란 위임자(Principal)가 자신의 이익을 위하여 업무를 수행하도록 의사결정 권한을 대리인(Agent)에게 위임하는 계약관계이다. 만일 위임자나 대리인 모두 자신의 효용을 극대화하는 사람들이라면, 대리인은 항상 위임자의 이익을 극대화하기 위하여 활동하지는 않는다. 위임자는 대리인을 위한 적당한 유인을 설정함으로써, 대리인과의 이해상충문제를 해소하고 자신의 이익을 극대화하기 위해서 비용을 초래하게 된다.[11]

일반적으로 위임자-대리인 관계가 경제주체간의 이해상충을 수반하여 대리인문제가 발생할 경우, 계약 당사자는 계약의 이행에 대한 보증과 감독을 통해 대리인비용을 감소시키기 위한 여러 가지 활동을 하게 된다. 즉 위임자는 대리인으로 하여금 자신들의 이해에 상반되는 행동을 하지 못하도록 감시활동을 하게 되며, 대리인은 위임자에게 기업가치를 손상시키는 행동을 하지 않겠다는 보증활동을 하게 된다. 감시활동이나 보증활동은 필연적으로 비용을 수반하기 때문에 이러한 행동에 수반되는 비용을 감시비용(Monitoring Cost), 보증비용(Bonding Cost)이라고 한다.

감시비용은 경영자의 행동을 관찰하고 성과를 평가하며, 이에 의해 보상하는 것뿐만 아니라, 대리인문제 해결을 위한 여러 제도들을 유지·수

---

11) Jensen, M. C. and Meckling, W. H., op. cit., pp.305-360.

행하는 데 수반되는 모든 비용을 포괄하는 의미이다.

보증비용은 대리인이 위임자의 입장에서, 최적의사결정을 하리라는 것을 보증하기 위하여 지불되는 비용이다. 그러나 이러한 감시 및 보증활동은 이들의 한계비용이 대리인문제의 완화에서 얻어지는 한계이익과 같아지는 수준까지 행해질 때 최적이기 때문에, 위임자와 대리인간의 계약은 파레토 최적(Pareto Optimum)으로 실현된다.

이와 같이 감시·보증활동이 존재함에도 불구하고 발생되는 기업가치 하락분을 잔여손실(Residual Loss)이라고 한다. 따라서 대리인비용은 위에서 언급한 감시비용, 보증비용, 잔여손실의 합으로 정의된다.[12]

(1) 지분의 대리인비용

대리인비용은 외부주주, 채권자, 경영자 사이의 갈등을 중심으로 분석할 수 있는데 지분의 대리인비용이란 총 대리인비용 중에서 경영자와 외부주주간의 이해상충문제에 기인하는 부분을 말한다. 따라서 지분의 대리인비용은 경영자의 지분율이 낮을수록 증가한다. 왜냐하면 합리적 경제주체는 한계비용과 한계수익이 일치하는 수준에서 의사결정을 하는데, 경영자의 소유 지분율이 낮으면 낮을수록 경영자의 개인소비동기 증가로 인해, 경영자의 비 최적적 의사결정에 대한 동기가 커지기 때문이다. 즉 개인소비를 증가시키면 그만큼 기업가치는 하락하게 되는데, 경영자의 개인 소비동기를 (그림 2-1)을 이용하여 살펴보고자 한다.

---

12) Ibid., pp.305-360.

(그림 2-1) 기업가치와 경영자의 사적소비 기업가치

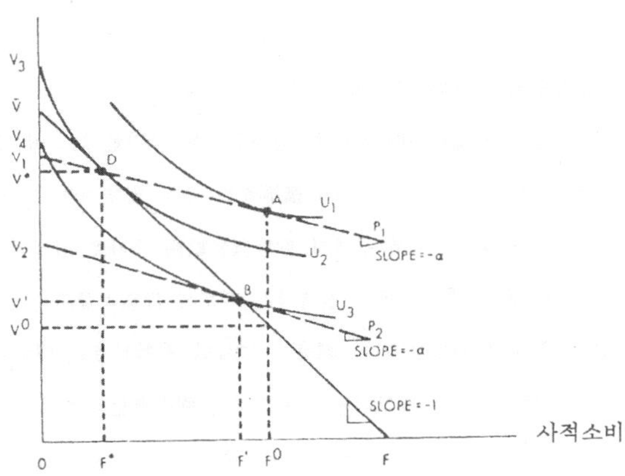

    D점에서 개인소비(F^*)와 기업가치(V^*)가 균형을 이룬다. 하지만 그가 α지분율만을 남겨놓고 1-α의 지분율을 외부에 매각했다고 가정하자. 만일 경영자가 100%의 지분율을 소유하고 있는 경우와 동일하게 같은 수준의 개인소비를 할 것이라고 외부매입자가 기대한다면, 그 매입자는 1-α의 지분율에 대해 $(1-α)V^*$를 기꺼이 지불하려고 할 것이다. 실제로 $(1-α)V^*$를 지불한다면, 그리고 경영자가 사적소비를 원하는 대로 선택할 수 있다면, 이 경영자의 예산선은 기울기 -1.0의 선분VF로부터 기울기 α의 P_1로 전환되며, 더 높은 효용수준을 나타내는 U_1과 접하는 점 A까지 이동할 것이다.

    결국 경영자의 사적소비는 F^*로부터 F^0까지 증가하게 되며, 이러한 사적소비의 증가로 인해, 기업가치는 V^*에서 V^0까지 하락하게 되는데, 이 가치 하락분을 대리인비용이라고 한다. 그러나 이때 합리적인 외부의 주식 매수인들은 이러한 경영자의 행위를 미리 예측하여, 경영자가 얻는 효용을 상쇄시킬 수 있는 만큼 기업가치를 낮게 평가하여 주식을 매입한다. 즉 기업가와 외부 매입자들 간의 타협점이 이루어져 $1-\alpha$의 지분율에 대해 $V'(1-\alpha)$의 비용을 지불하게 된다.

(2) 부채의 대리인비용

부채의 대리인비용은 채권자와 주주간의 이해상충문제에 기인한 비용이다. 따라서 부채의 대리인비용은 기업의 레버리지가 높아질수록 증가한다고 볼 수 있는데, 레버리지의 증가는 기업의 위험을 증가시켜 채권자로부터 주주에게 부가 이전되기 때문이다. 즉 레버리지가 증가할수록 주주의 위험선호동기 증가로 인하여, 채권자의 부가 주주에게 이전되는 부의 이전효과가 발생되기 때문에 대리인비용은 증가한다. 기업의 의사결정권은 주주들이 가지고 있기 때문에 그들의 위험선호로 인하여, 왜곡된 의사결정을 하고, 이러한 것들은 파산비용과 관련되어 채권자들과 마찰을 일으킨다. 이러한 대리인문제를 구체적으로 살펴보면 다음과 같다.

주주들의 위험선호와 채권자의 대리인문제는 Black-Sholes의 옵션가격결정모형을 이용하여 설명할 수 있다. Black-Sholes에 의하면, 주주는 채권자보다 위험한 투자안을 더 선호하여 채권자의 부를 주주에게 이전시킨다고 주장하였다. 따라서 채권자들은 그들의 부의 이전을 방지하기 위하여 제한조항을 설정하여 권익을 보호한다. 예를 들어 상호배타적인 두 투자안 A와 B중에서 투자안 A가 투자안 B보다 위험이 크다고 하자. 이 때 투자안 A와 B의 시장가치가 동일하다면 부의 이전에 의한 대리인문제는 발생하지 않는다. 왜냐하면 기업가치는 부채의 가치와 주식가치의 합인데 위험이 큰 투자안 A를 선택할 경우 채권자들은 주주에게 더 많은 보상을 요구하여서, 증가한 주주의 몫을 차지 할 수 있으므로 총 기업가치는 변함이 없기 때문이다. 하지만 시장가치가 차이나면 대리인비용이 발생한다. 이것을 (그림 2-2)를 이용하여 설명하고자 한다.

(그림 2-2) 기업가치

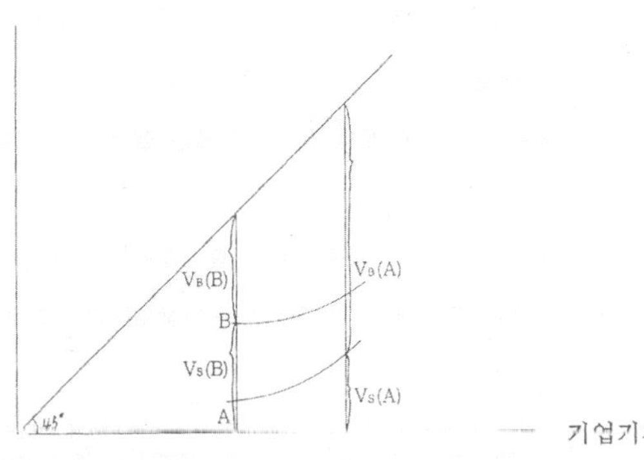

그림에서 곡선 A와 곡선 B는, 투자결과 발생된 기업가치를 주식가치와
채권의 가치로 구분해 주는 것이며, 투자안 B의 위험이 크기 때문에 곡선
B가 곡선 A보다 높게 위치한다. 투자안 A가 비록 높은 기업가치를 산출
하나, 주주들이 투자안 B를 선택하는 경우 더 많은 주식가치를 얻는다.
하지만 채권자들은 주주들이 투자안 B를 선택하여 기업가치의 하락을 초
래하게 한다는 사실을 예상하며, 이 가치하락분을 주주에게 전가시키게
되는데, 이 가치하락분을 대리인비용이라고 한다. 즉 자본시장이 충분히
효율적이라고 한다면, 채권자들은 위험선호동기로 인하여 발생될 손실을
보다 높은 이자율로서 보상받고자 할 것이다. Jensen-Meckling은 주주들
이 지불하게 될 이러한 추가적 이자부담을 부채사용에서의 에이전시비용
이라고 설명하였다.[13]

---

13) Ibid., pp.305-360.

대리인문제의 해는 합리적 경제주체의 행동에 대한 예측에 근거하여 얻어진 사전적 의미의 최적해이므로 모든 대리인비용은 내부주주 또는 경영자가 부담하게 된다.

3. 확률적 의결권행사모형

(1) 모형의 의의

Cubbin-Leech[14]의 확률적 의결권행사이론은 확률의 개념을 도입하여 최대주주 1인이 기업을 지배하기 위해서는 최소한 어느 정도의 지분이 필요한가에 관한 것이다.

만약 최대주주가 총발행주식의 반수 이상을 소유했다면 자신이 원하는 대로 결의안을 통과시키는 데에 아무런 문제가 없다. 문제는 최대주주가 반수 이하의 주식을 소유한 경우이다.

이들의 분석방식에 의하면, 주주총회에서 최대주주가 원하는 대로 의결될 것인지의 여부는, 그 자신이 소유하고 있는 지분율이 어느 정도인가, 그 이외의 주주들이 의결권을 행사할 확률은 얼마인가, 그리고 의결권을 행사하는 그 나머지 주주들이 찬성표를 던질 확률은 얼마인가에 달려있다.

그러므로 결의안이 최대주주가 바라는 대로 통과되는가 하는 것도 확률의 개념으로 분석할 수 있다.

---

14) Cubbin, John and Leech, Dennis, "The effect of Shareholding Dispersion on the Degree of Control in British Companies: Theory and Mesurement", The Economic Journal, June 1983, pp.351-369.

(2) 모형의 가정

① 최대주주가 지분을 소유하는 목적은 오로지 기업지배를 위한 것이며, 구체적으로 그것은 최대주주의 이해관계를 위한 제안이 의결권의 행사과정을 통해 승인되는 것이다.

② 최대주주가 의결권을 행사할 확률은 1이며, 그 이외의 주주가 의결권을 행사할 확률은 π로 일정하다.

③ 최대주주가 그의 제안에 찬성할 확률은 당연히 1이며, 그 이외의 주주가 찬성할 확률은 1/2로 일정하다.

④ 주주들은 서로 독립적으로 의결권을 행사한다. 즉 의결권 행사에 타주주의 행동을 고려하지 않는다.

⑤ 최대주주 이외의 주주들 사이에 분포하는 지분의 정도는 매우 분산되어 있다.

⑥ 소유주식수와 의결권행사가능 수는 동일하다. 즉 모형에서의 지분은 의결권이 있는 주식에 한한다.

(3) 모형의 유도

1) 기호의 정의

T : 총발행주식 수

S_i : i주주가 소유한 주식 수$(i=1,2,3,\cdots\cdots,N)$

S_0 : 최대주주가 소유한 주식 수

P_i : 주주i의 지분율(즉, $P_i=S_i/T$)

P_0 : 최대주주의 지분율(즉, $P_0=S_0/T$)

π : 최대주주 이외의 주주(즉, $i\geq1$)가 의결권을 행사할 확률

X_i : 주주i가 최대주주의 제안에 대해 찬성하는 의결 수[반대일 경우 (-)의 값을 갖는다]

M : 최대주주의 제안에 대한 반수 이상 찬성표의 수(즉 최대주주포함)

H : 허핀달지수(Herfindahl Index)

α : 최대주주 지지결의안이 주주총회에서 통과될 확률(즉 지배의 정도)

P^* : 최대주주의 제안이 통과되기 위해 필요한 최대주주의 최소필요지분율

2) 모형의 도출

기호의 정의로부터 변수 X_i는 확률변수임을 알 수 있고, 총주주수는 N +1이며, 이 중에서 S_0가 가장 큰 값이며, S_N이 가장 작은 값으로 가정한다.

$$(즉, S_0 \quad S_1 \quad S_2 \cdots\cdots S_n \, 이고, \; T = \sum_{i=0}^{N} S_i \, 이다.)$$

특정 개인(또는 집단)이 최대주주로서 기업지배력을 확보하기 위해서는 자기 이외의 개별주주들로 부터 많은 찬성표를 얻어야만 한다.

최대주주가 제시한 결의안에 대하여 주주i가 던지는 찬성표의 수는 X_i라고 하자. X_i는 주주i가 반대표를 던질 때는 음의 값을 가지므로 X_i의 표본공간은 $\{S_i, \, S_0, \, -S_i\}$이다. 그리고 주주i가 의결권을 행사할 확률은 π, 최대주주의 제안에 찬성할 확률은 0.5라고 가정하였기 때문에, $\{S_i, \, S_0, \, -S_i\}$에 상응하는 확률분포는 $\{\pi/2, \, 1-\pi, \, \pi/2\}$이다. 최대주주가 자신이 소망하는 대로 특정안건을 통과시키기 위해서는 주주총회에서의 찬성표가 반수를 넘어야만 한다. 반수 이상(또는 이하) 찬성표의 수를 한계치(margin)로서의 값 M이라 한다.

한계치 M이 양의 값이면 찬성표가 반수를 넘었음을 의미하고, M의 값이 음이면 찬성표가 반수 이하임을 뜻한다. 따라서 M을 수식으로 표

현하면 $M = S_0 + \sum_{i=1}^{N} X_i = S_0 + Y$ 로 표시되는데, 여기서 $Y \sum_{i=1}^{N} X_i$ 로서 X_i 가 확률변수이므로 Y도 평균이 0, 분산이 $\sigma_Y^2 \sum_{i}^{N} \sigma_i^2$ 인 확률변수이다.

그리고 $\sigma_i^2 = \cdot S_i^2$ 이므로[15] 결국 $\sigma_Y^2 = \pi \sum_{i=1}^{N} S_i^2$ 이다.[16]

한편 대주주 이외의 주주들이 소유한 지분은 개별적으로 모두 미미한 값이라고 가정하면, 중심극한정리에 의하여 Y는 정규분포의 형태를 취하는 것으로 볼 수 있다.[17] M은 Y와 선형함수관계를 보이고 있기 때문에, Y가 정규분포이면 M도 당연히 정규분포이다. 또한 M의 기대값은 S_0 이고 그의 분산은 $\pi \Sigma S_i^2$ 임을 알 수 있다.

이제 서술한 각 변수를 비율값인 지분율의 상태로 나타내면 최대주주의 지분율 $P_0 = S_0/T$ 이며, 개별주주의 지분율 $P_i = S_i/T \ (i = 12, \cdots\cdots, N)$ 가 되고, 찬성의결총수인 M도 비율로 나타내면, $M = S_0 + \sum_{i=0}^{N} X_i$ 에서 $M/T = S_0/T + \sum_{i=0}^{N} X_i/T$ 가 되고, $M/T = M'$ 라 놓으면, 결국 $M' = P_0 + \sum_{i=0}^{N} X_i/T$ 가 되어 한계비율 값 M' 은 평균이 P_0, 분산이 $\cdot \sum_{i=1}^{N} P_i^2$ 인 확률변수임을 알 수 있다.[18]

---

15) 구체적으로

X_i	S_i	0	-S
확률	$\pi/2$	$1-\pi$	$\pi/2$

X_i의 기대치 $E(X_i) = (\pi/2)S_i + (1-\pi)0 + (\pi/2)(-S_i) = 0$,
$Var(X_i) = (\pi/2)[S_i - E(X_i)]^2 + (1-\pi)[0 - E(X_i)]^2 + (\pi/2)[-S_i - E(X_i)]^2 = \pi \cdot S_i^2$.

16) 이는 각각의 주주들이 상호 독립적으로 의결권을 행사한다고 가정하였기 때문이다.

17) Cubbin-Leech는 Y에 대한 정규분포의 가정이 얼마나 합당한가에 따라 자신들의 모형이 얼마나 설명력을 갖는가를 결정한다고 보았다. 바꾸어 얘기해서 대주주 이외의 나머지 주주들의 수가 많고 그들의 소유지분이 개별적으로 그리 큰 값이 아닐수록 Cubbin-Leech의 모형은 더욱 합당한 의미를 갖는다. Cubbin, J. and Leech, D., op. cit., p.357.

최대주주가 기업을 지배하기 위해서는 최대주주의 제안에 찬성하는 의결수가 전체의결수의 반수 이상이어야 한다. 즉 $M' > 0$이어야 하며, $M' > 0$이기 위한 최소지분율을 P^*, 최소필요주식수를 S_0^*라고 한다면 다음 식이 성립한다.

$$P_r(M' > 0) = P_r[\frac{S_0^* + Y}{T} > 0]$$
$$= P_r[P_0^* + Y/T > 0] \cdots\cdots\cdots\cdots 식(1)$$
$$= P_r[Y > (-)P_0^* \times T]$$
$$= \alpha$$

여기에서, α＝최대주주가 제안한 결의안이 주주총회를 통과할 확률
P_r＝확률 즉, 지배의 정도를 의미함

최대주주가 목표로 삼고자 하는 α값(예를 들어 95%, 99% 등)을 위시하여 이미 주어진 변수인 Y, T의 값을 적용하면 P^*값을 구할 수 있다.
이제 식(1)을 정규화(Normalization)하면,

$$P_r[Y > (-)P^* \times T] = P_r[Y/\ _Y > (-)P^* \times T/\ _Y]$$
$$= P_r[Z > (-)Z\ ] \cdots\cdots 식(2)$$
$$= \alpha$$

이 되고, 식(1)과 식(2)를 비교하면, $P_r[Z > (-)Z\ ] = $ 에서 $Z = Y/\ _Y$, $Z\ = P^* \times (T \times\ _Y)$로 나타낼 수 있으므로, 이를 지배를 위한 필요지분율 P^*의 식으로 나타내면, 결국

---

18) MJ $P_0 + (\sum_{i=0}^{N} X_i/T)$에서 $Var(\sum_{i=1}^{N} X_i)/T^2 = \sum_{i=1}^{N} {}_i^2/T^2 = (\sum_{i=1}^{N} S_I^2)/T^2 = \sum_{i=1}^{N} P_i^2$

$$P^*Z \quad (Y/T) \quad Z \quad \sum_{i=1}^{N} P_i^2 \quad \cdots\cdots\cdots \text{식(3)}$$

이 성립한다.[19]

그런데 식(3)은 최대주주의 지분율 P_0과 최소 필요지분율 P^*의 관계를 명시해 주지 못하므로, P_0과 P^*의 상충관계를 명시해 주는 관계모형이 필요하다. 이를 위해서는 허핀달지수(Herfindahl Index)를 사용하는데 이것은 H = P_i^2으로 정의 된다.

허핀달지수는 원래 소수기업에 의한 시장 집중도를 측정하기 위하여 사용되고 있는데, Cubbin-Leech는 이를 주식소유집중도의 측정을 위하여 응용한 것이다[20].

따라서 이를 이용해 식(3)을 다시 표현하면

$$P^* = Z \quad (H - P_0^2) \quad \cdots\cdots\cdots \text{식(4)}$$

가 되며, 허핀달 지수를 크기분포의 모수로 간주한다면 허핀달지수는 일정하므로 P_0의 증가는 P^*의 감소를 초래함을 알 수 있다. 여기에서 특별히 P^*를 계산하기 위해서는 α값과 π값을 적당히 지정해야 한다. P^*를 구한 후 P_0과 P^*를 비교하면 통제의 형태를 분류할 수 있다. P^*가 P_0보다 크다면 최대주주가 지배권을 갖지 못한다.

따라서 $P^* > P_0$이면 경영자통제의 형태가 되고, 반대의 경우는 소유자통제의 형태로 분류할 수 있다.

---

19) 식(3)에서 $\sum_{i=1}^{N} P_i^2 = \gamma/T$는 비율로 나타낸 한계값 즉, M′의 표준편차를 나타낸다.

20) Cubbin, J. and Leech, D., op. cit., p.359.

II. 선행연구

1. 소유구조 특성과 결정요인

(1) 소유구조 특성

① 핫또리의 연구

1982년 기준 한국 증권거래소에 상장된 319개 기업 중 150개 기업이 재벌의 산하기업이고, 나머지 169개 기업이 비재벌기업이다.

(표 2-2) 재벌·비재벌기업의 대주주지분율

(단위: %)

구 분		친족 산하 기업 지분			타 기업	금융기관	기 타
		친족분	산하기업분	소 계			
재벌	상위10	13.44	18.99	32.43	6.50	8.39	52.68
	중위21	19.29	14.93	34.22	1.86	5.91	58.01
	하위10	18.65	10.99	29.64	0.46	11.96	57.94
	평 균	17.71	14.96	32.67	2.64	8.00	56.69
비 재벌		20.96	2.99	23.95	4.52	10.66	60.87

자료: 이학종·정구현, 한국기업의 구조와 전략, 법문사, 1986, p.182

(표 2-2)에서 보듯이 재벌에 의한 주식지분을 친족분과 산하기업분으로 나누어 볼 때, 친족분은 평균 17.71%이고, 산하기업분은 평균 14.96%로 총 32.67%를 대주주1인이 집중적으로 소유하고 있었다. 비재벌의 경우 친족분은 재벌의 경우보다 높은 20.96%이고, 산하기업분은 불과 2.99%로서 총 23.95%의 주식소유집중을 보였다.[21]

② 임웅기의 연구

1986년 말 기준 총 355개 상장기업 중 226개 기업(재벌기업: 105, 비재벌기업: 121)을 대상으로 대주주의 지분율을 방식1(대주주1인+특수관계인)과 방식2(대주주1인+특수관계인+0.5% 이상의 지분을 소유한 법인과 개인)로 나누어 조사한 결과, 방식1에서는 35.62%, 방식2에서는 42.58%로 높은 집중도를 보여주고 있다. 방식1에 의한 업종별 특성을 알아본 결과, 광업(50.35%), 음식료품제조업(41.96%), 섬유·의복·가죽제품제조업(38.55%) 등이 타 업종에 비해 높은 지분율을 나타내 주고 있으며, 재벌기업과 비재벌기업의 결과는 (표 2-3)과 같다.[22]

상위 20위 이상의 대주주지분율을 조사한 결과는 65.56%이고, Cubbin-Leech의 확률지배모형에 의한 경영권확보지분율은 $\alpha=0.01$의 경우 24.5%, $\alpha=0.5$의 경우 18.61%, $\alpha=0.1$의 경우 15.62%의 지분율을 유지하여야만 경영권을 안정적으로 확보할 수 있다. 그런데 $\alpha=0.01$의 경우 11.3%, $\alpha=0.5$의 경우 17.01%, $\alpha=0.1$의 경우 20.0%를 대주주들이 초과하여 주식을 소유한 것으로 나타났다.

(표 2-3) 재벌기업과 비재벌기업의 대주주지분율

(단위: %)

구 분	친족에 의한 소유지분	산하기업에 의한 소유지분	합
재벌기업	17.21	21.88	39.09
비재벌기업	24.07	8.52	32.59

---

21) 핫또리 타미오, "한국과 일본의 대기업 그룹비교", 이학종·정구현 외 공저, "한국기업의 구조와 전략", 법문사, 1986, pp.149-203.
22) 임웅기, "기업소유구조와 자본시장발전", 한국신용평가(주), 1988, p.72.

또한 1988년 말 기준 502개의 상장기업 중 434개 기업을 대상으로 분석한 결과에 의하면, 방식1에 의한 대주주지분율은 28.79%이고, 방식2에 의한 대주주지분율은 41.19%로 86년의 연구결과에 비해 하락하였음을 알 수 있다.[23] 또한 대주주20인의 지분율에 있어서도 86년의 경우 65.56%였음에 비해, 88년 말에는 51.26%로서 감소의 폭이 큰데, 이것은 정부가 정책적으로 계렬기업들 간의 상호주보유를 억제해 왔기 때문이다.

③ Demsetz & Lehn의 연구

Demsetz-Lehn의 연구에 의하면, 1980년 511개 미국기업을 대상으로 상위 5위 이내의 대주주지분율(A5)과 상위 20위 이내의 대주주지분율(A20) 그리고 허핀달지수(AH)를 이용하여 소유구조 특성을 알아본 결과는 다음과 같다.[24]

---

23) 임웅기, "상장회사의 소유구조와 경영권보호문제", 한국상장회사협의회, 1989. 11, pp.13-20.

24) Demsetz, Harold and Lehn, Kenneth, "The Structure of Corporate Ownership: Causes and Concsequences", Journal of Political Economy, Vol.93, No.6, 1985, pp.1155-1177.

(표 2-4) A5, A20, AH의 도수분포

(단위: %)

A5			A20		AH		
범 위	기업수	누적비율	기업수	누적비율	범 위	기업수	누적비율
0- 4.99	16	3.13	11	2.15	0- 19.99	28	5.48
5- 9.99	50	12.92	13	4.70	20- 39.99	46	14.48
10-14.99	86	29.75	13	7.24	40- 59.99	70	22.70
15-19.99	98	48.92	32	13.50	60- 79.99	44	31.31
20-24.99	72	63.01	41	21.53	80- 99.99	42	39.53
25-29.99	45	71.82	67	34.64	100-119.99	38	46.97
30-34.99	37	79.06	59	46.18	120-139.99	28	52.45
35-39.99	27	84.34	66	59.10	140-159.99	22	56.75
40-44.99	19	88.06	57	70.25	160-179.99	16	59.48
45-49.99	18	91.59	39	77.89	180-199.99	11	62.04
50-54.99	9	93.35	34	84.54	200-219.99	14	64.78
55-59.99	10	95.30	22	88.55	220-239.99	9	66.54
60-64.99	10	97.26	21	92.96	240-289.99	17	69.86
65-69.99	7	98.63	19	96.67	290-369.99	21	73.97
70-74.99	4	99.41	9	98.43	370-479.99	24	78.67
75-79.99	1	99.61	2	98.83	480-539.99	22	82.98
80-84.99	0	99.61	3	99.41	540-779.99	21	87.08
85-89.99	2	100.00	1	99.61	780-1,219.99	25	91.98
90-94.99	0	100.00	2	100.00	1,220-2,279.99	20	95.89
95-100.00	0	100.00	0	100.00	2,280-4,959.99	21	100.00

(표 2-5) A5, A20, AH의 통계량

(단위: %)

변 수	표본기업수	평 균	표준편차	최소값	최대값
A5	511	24.81	15.77	1.27	87.14
A20	511	37.66	16.73	1.27	91.54
AH	511	402.75	722.99	0.69	4,952.38

④ Prowse의 연구

Prowse는 1984년 금융회사를 제외한 일본기업 734개사와, 1980년 금융회사를 제외한 미국기업 457개사를 대상으로 소유구조 특성을 비교 분석했다.[25]

(표 2-6) 일본기업과 미국기업의 지분율 비교

(단위: %)

구 분	일 본	미 국
모든 기관	67.3	37.7
금융기관	43.3	26.6
상업은행	20.5	0.2
보험회사	17.7	4.6
기 타	5.1	21.8
비 금융기관	24.0	11.1
가 족	26.7	58.1
외국인	5.0	4.2
기 타	1.0	0.0

(표 2-7) 일본, 미국기업의 상위 5위 이내 대주주지분율과 지분의 시장가치 비교

구 분	평 균	중앙값	표준편차	최소값	최대값
일본기업					
상위5위 이내 대주주지분율(%)	33.1	29.7	13.8	10.9	85.0
지분의 시장가치($백만)	990	327	1883	22.2	27182.1
미국기업					
상위5위 이내 대주주지분율(%)	25.4	20.9	16.0	1.3	87.1
지분의 시장가치($백만)	1287.2	425	2833.4	22.3	40587.2

---

25) Prowse, Stephen D. "The Structure of Corporate Ownership in Japan", Journal of Finance, July 1992, pp.1121-1140.

일본기업의 소유집중률이 미국기업에 비해 상당히 높다는 것을 알 수 있는데, 그 차이는 1% 유의수준에서 유의적이다.

(표 2-8) 일본기업의 지분율 현황

(단위: %)

구 분	S5	F5	NF5	I5	O5
평 균	33.1	25.0	4.9	3.0	0.2
중앙값	29.7	24.2	0.0	0.0	0.0
표준편차	13.8	8.3	8.3	6.6	1.0
최대값	10.9	0.0	0.0	0.0	0.0
최소값	85.0	48.8	42.1	35.2	8.9

또한 Prowse는 일본기업을 대상으로 상위 5위 이내 대주주의 지분율 (S5), 상위 5위 이내에 포함되는 금융기관의 지분율(F5), 상위 5위 이내 에 포함되는 비금융기관의 지분율(NF5), 상위 5위 이내에 포함되는 개 인의 지분율(I5), 그리고 상위 5위 이내에 포함되는 기타지분율(O5)[26]로 구분하여 (표 2-8)과 같은 분석결과를 얻었다.[27]

(2) 소유구조 결정요인

① 임웅기의 연구

1988년 말 502개 상장기업 중 434개 기업을 대상으로 소유구조 결정 요인을 분석하기 위하여 에이전시변수와 비에이전시변수로 구분하고, 전 자의 경우 시장모형에 의한 표준편차, 대주주의 이사직 참여율을 이용하

---

26) 종업원 또는 외국인등의 보유지분율.
27) Prowse, Stephen D., op. cit., p.1124.

36

고, 후자의 경우 창업 이후의 사업년수, 자본금총액을 고려했으며, 실증분석을 위한 회귀모형은 다음과 같다.[28]

$$OWNERR_i = \beta_1 \cdot SIZE_i + \beta_2 \cdot RISK_i + \beta_3 \cdot YEAR_i + \beta_4 \cdot BOARD_i + e_i$$

$$\beta_1 \langle 0 \qquad \beta_2 \rangle 0 \qquad \beta_3 \langle 0 \qquad \beta_4 \rangle 0$$

여기에서, $OWNER_i$: 대주주지분율

$\quad SIZE_i$　　: log(자본금총액)

$\quad RISK_i$　　: 사업위험(시장모형의 표준오차)

$\quad YEAR_i$　 : 창업 이후의 사업년수

$\quad BOARD_i$: 대주주의 이사직 참여도(전체이사직 중 대주주1
인 및 그 가족)

실증분석결과 결정계수는 낮았으나, 설명변수 모두 이론들이 제시한 부호, 즉 기업규모(-), 기업역사(-), 企業의 위험정도(-), 한 기업에서의 경영기능과 통제기능의 분리정도(+)는 통계적으로 유의성이 인정되었으며, 기업의 위험정도는 부(-)의 부호가 구해짐으로써 포트폴리오선택(Portfolio Selection)의 원리로 이해하는 것이 합당하다는 결론을 내렸다. 또한 대상기업을 10개씩의 포트폴리오로 구성하여 분석하였는데, 그 결과는 동일하였으나 설명력은 크게 개선되었다.

② Demsetz & Lehn의 연구

Demsetz-Lehn은 소유·통제의 분리와 대리인문제의 존재라는 가정하에 주주들의 의결권과 지분의 분포인 주주구조의 결정인자를 분석하였다.[29]

이들은 소유집중의 이점을 주주의 경영자 감시유인 증가에 두었으며,

---

28) 임웅기, 전게서, pp.13-20.
29) Demsetz, Harold and Lehn, Kenneth, op. cit., pp.1155-1177.

불리점은 소유집중에 따른 위험분산의 불리에 두었다.

Demsetz-Lehn에 의한 연구결과는 다음과 같다.

첫째, 기업규모가 증가할수록 자본자산의 증가로 인하여 지분율의 시장가치는 커지고, 일정한 통제를 유지하기 위한 지분비중은 작아진다는 것이다.

둘째, 통제가능성은 기업소유자들이 경영성과를 효율적으로 감시함으로써 얻는 부이다. 안정된 가격, 안정된 기술, 안정된 시장점유율의 환경을 가진 시장에서 거래되는 기업은 비교적 낮은 감시비용으로 경영성과를 감시할 수 있지만, 예측하기 힘든 환경에서는 경영자의 행동을 감시하기가 더욱 어려워진다. 결국 기업의 통제가능성은 기업이 운영되고 있는 환경의 불안정성과 직접 관련된다. 기업환경이 불안정할수록 통제를 강화하기 위해 소유자가 부담하는 지출이 더욱 커진다. 따라서 불확실성과 소유집중 간에는 정(+)의 관계가 존재한다.

셋째, 규제는 소유자의 선택을 제한하여 통제가능성을 감축하는 동시에, 경영자를 감시·규율하므로 소유집중의 정도를 감소시킨다.

넷째, 규제는 경영자의 개인적 소비문제를 유발시키며, 규제에 따른 이익안정성은 소유자의 경영자 통제 욕구를 완화시킨다. 그러나 소유자가 기업을 통해 그들의 소비목표를 달성할 수 있는 가능성이 높은 경우 통제를 선호하게 됨으로써, 결국 소유자는 지분율을 증가시킨다.

③ Fama & Jensen의 연구

기업조직의 특징과 여기에 수반되는 에이전시문제를 전제로 하여 Fama-Jensen은 소유구조 결정요인을 다음과 같이 제시하고 있다.[30]

첫째, 기존사업의 위험정도인데, 위험정도가 높을수록 주식개방 내지

---

30) Fama, E. F. and Jensen, M. C., "Seperation of Ownership and Control", Journal of Law and Economics, June 1983, pp.301-325.

는 주식분산 필요성의 증대로 인하여 대주주의 지분율은 감소될 것이다.

둘째, 경영의 전문화정도인데, 경영의 전문성이 높을수록 경영기능은 유능한 기술을 요구하게 됨으로써 자연히 주주는 경영기능과 분리된다. 따라서 대주주가 경영에 직접 참여하거나 주주의사결정에 간여하기가 어려울 것이며, 의사결정으로부터 소외된 대주주는 해당기업의 소유권을 혼자서 독점할 기회를 잃게 된다. 기업경영의 기능을 포기하고 위험부담의 기능만을 갖게 된 대주주는, 자신의 주식을 매각하여 보다 다양한 투자대상을 찾아 포트폴리오를 구성하고자 할 것이다.

셋째, 기업특유의 자산이 많을수록 많은 자본이 필요하게 되는데, 이것은 대주주 또는 소수의 주주가 부담하기가 어려우므로, 필연적으로 다수의 주주가 존재하게 된다. 따라서 상대적으로 대주주의 지분율은 낮아지게 된다.

넷째, 에이전시비용인데, 이들에 의하면 전문경영자의 업무내용이 고도의 전문성이나 독창성을 내포하는 경우, 그에 대한 객관적인 관찰 내지 평가가 어려울 것이다. 이러한 상황에서는 역 선택의 문제 또는 도덕적 위해(Moral Hazard)의 문제가 보다 심각할 것이다. 그로 인하여 발생될 에이전시비용은 대단히 높다.

Fama-Jensen은 기업경영의 의사결정과정을 ① 새로운 아이디어 및 투자안의 개발 ② 투자안의 최종승인 ③ 투자안의 추진 및 시행 ④ 경영실적의 평가 및 감시 등 네 가지 단계로 나누어 ①과 ③을 경영기능으로, ②와 ④를 통제기능으로 하였다. 고도의 전문성을 요하는 사업의 경우, 그 의사결정과정에 있어서 경영기능과 통제기능을 분리하여 각기 다른 사람에게 할당하기가 곤란하다. 그 이유는 경영행위에 대한 외부의 평가와 감시가 제대로 시행되기 어렵고, 에이전시비용이 대단히 높아지기 때문이다. 그리고 Fama-Jensen에 의하면, 경영기능과 통제기능의 분리가 어려울 경우 소유기능과 경영·통제기능간의 분리도 어려운 것으로

보았다. 따라서 소유와 경영이 분리되기 위해서는 경영기능과 통제기능
이 분리될 수 있어야 한다.

2. 소유구조와 재무의사결정

(1) 소유구조와 자본조달

① Kim & Sorensen의 연구

Kim-Sorensen은 지분율이 집중된 기업은 낮은 기업보다 다른 조건이
일정하다면 더 많은 부채를 발행하여서 자본조달을 한다는 가설을 검증
하였다.[31] 그래서 그는 소유구조가 부채의 발행요인이 된다고 주장하였
으며, 지분율이 높은 기업이 낮은 기업보다 더욱 높은 부채비율을 나타
내는 이유를 다음과 같이 설명하고 있다.

첫째, 기업통제의 문제, 즉 지분율이 높은 기업은 기업가치 극대화 이
상의 부채를 이용함으로써 통제권을 유지할 수 있다.

둘째, 지분의 대리인비용에 의해 유발된 최적행동의 결과이다. 즉 주
식발행을 통한 자금조달은 외부주주수를 증가시키고, 이는 지분의 대리
인비용을 증가시킨다는 것이다.

셋째, 지분율이 높은 기업은 지분율이 낮은 기업에 비해 상대적으로
부채사용에 의한 대리인비용이 작다는 것이다. 즉 경영자의 지분율이 높
을수록 채권자 보호계약의 이행이 보다 효과적으로 이루어진다. 다시 말
하면 주주와 채권자간의 도덕적 위해(Moral Hazard)로 인한 에이전시문
제를 쉽게 해결할 수 있기 때문이고, 또 하나는 경영자와 채권자간에 협

---

31) Kim, W. Saeng and Sorensen, Eric H., op. cit., pp.131-143.

상의 필요성이 대두될 때, 경영자지분율이 높은 기업일수록 타협을 통한 문제해결이 완만하게 이루어질 수 있기 때문에 부채로 인한 대리인비용이 상대적으로 작다는 것이다.

이러한 주장을 검증하기 위하여 사용한 회귀식과 검증결과는 다음과 같다.

$$DEBT = \beta_0 + \beta_1 EBITGROW + \beta_2 EBITVAR + \beta_3 SIZE + \beta_4 TAXRATE1 \\ + \beta_5 DEPR + \beta_6 INSIDR$$

$$DEBT = \beta_0 + \beta_1 EBITGROW + \beta_2 EBITVAR + \beta_3 SIZE + \beta_4 TAXRATE2 \\ + \beta_5 DEPR + \beta_6 INSIDER$$

여기에서,

(-) DEBT　　　　： 부채비율(B/V)
(+) EBITGROW ： EBIT의 년평균 성장률
(+) EBITVAR　 ： EBIT의 분산
(+) VALUEVAR： 자기자본 시장가치의 분산
(+) SIZE　　　　： 총자산
(+) TAXRATE1 ： 법인세/법인세 공제 전 이익의 평균
(+) TAXRATE2 ： 법인세/법인세와 감가상각비공제 전 이익의 평균
(-) DEPR　　　 ： 감가상각비
(+) INSIDER　 ： 내부자 지분율

분석결과에 의하면, 내부자지분율이 높은 기업일수록 부채에 의존하는 경향이 더 크며, 높은 영업위험을 가지고 있는 기업과, 저성장기업일수록 부채를 선호하는 경향이 큰 것으로 나타났다. 또한 세금이 적은 기업일수록, 감가상각이 큰 기업일수록 부채사용으로 인한 법인세 절감의 필요성 감소로 인하여 부채비율이 낮았다.

② Barnea, Haugen & Senbet의 연구

Barnea-Haugen-Senbet에 의하면, 지분의 에이전시비용은 주식발행을 통해 자금을 조달할 경우 증가하게 된다. 그러나 소유구조가 광범위하게 분산된 기업은 소유구조가 집중되어 있는 기업에 비하여, 경영자의 지분율이 낮기 때문에, 추가적인 주식발행으로 인한 경영자의 지분율 감소분은 극히 미미하다고 할 수 있다.

따라서 지분율이 분산된 기업일수록 지분율이 집중되어 있는 기업에 비하여, 새로운 주식발행으로 인하여 추가되는 대리인비용은 무시할 수 있을 정도로 작다고 볼 수 있다. 그러므로 부채발행보다는 유상증자를 통한 자본조달을 선호할 것이고, 지분율이 집중된 기업은 지분의 대리인비용 증가로 인하여, 주식발행보다는 부채발행을 통한 자본조달을 선호한다고 주장하고 있다.[32]

③ Myers의 연구

Myers의 페킹오더이론(Pecking Order Theory)에 의하면, 기업은 내부자금을 선호하고, 외부자금을 이용하는 경우에도 부채를 주식에 우선하여 발행하고, 다음 단계로 전환사채와 같은 중간형태의 증권을 발행하며, 마지막 자금조달 수단으로 보통주를 발행한다는 것이다.[33]

이러한 주장에 대한 경제적 근거는 다음과 같다.

첫째, 새로운 증권 발행비용과 자금조달 기간 면에서 내부자금이 외부자금에 비하여 유리하다는 것이다.

---

32) Barnea, A., Haugen, R. and Senbet, L., "Market Imperfections, Agency Problem and Capital Structure: A Review." Financial Management, Summer 1981, pp.7-22.
33) Myers, S., "Capital Structure Puzzle", Journal of Finance, July 1984, pp.575-592.

둘째, 세제 면에 있어서 타인자본 사용으로 인하여 지급하는 이자는 과세대상이익을 줄여주므로 주식에 비하여 유리하고, 자본이득세율이 배당소득세율에 비하여 훨씬 낮기 때문에, 내부자금이 주식발행에 의한 자금조달방법보다 유리하다는 것이다.

셋째, 새로운 주식의 발행은 주주구조의 변화를 가져올 수 있으므로, 기존주주의 기업지배권을 약화시킬 수 있다는 것이다.

(2) 소유구조와 배당

① Rozeff의 연구

Rozeff는 배당지급을 증가시키는 경우, 외부자금조달에 따른 거래비용은 증가하고 대리인비용은 감소하게 되므로, 이 두 가지 비용의 합계가 최소가 되는 점에서 최적배당성향이 존재하게 된다고 주장했다.[34] 그는 대리인비용을 최적배당정책에 영향을 미치는 변수로서 파악하기 위하여, 외부주주와 소유경영자의 관계에서 발생하는 지분의 대리인비용으로 제한하였다.

기업의 소유구조가 이해관계를 서로 달리하는 외부주주와 소유경영자로 구성되어 있다면, 외부주주들은 항상 소유경영자들에 의해 자신들의 권익이 침해받을 것을 염려하게 된다. 그러므로 외부주주들은 여러 가지 방법으로 기업경영에 대해 감시하려 할 것인데, 여기에는 상당한 비용(감시비용)이 발생하며, 기업경영에 불필요한 제약이 가해지기도 한다. 또한 소유경영자는 자신이 외부주주들의 이익을 최대한 보호하는 경영을 하고 있음을 알리기 위한 비용(보증비용)의 발생을 초래한다.

배당의 지급은 기업의 경영성과와 미래에 대한 확신을 외부주주들에

---

34) Rozeff, M. S., op. cit., pp.249-259.

게 알리는 하나의 수단으로 사용될 수 있기 때문에, 배당의 지급을 적정 수준에서 유지함으로써, 기업은 전반적인 대리인비용을 낮출 수 있다고 주장한다. 그는 대리인비용이 최적배당정책에 미치는 영향을 실증분석하기 위하여, 1974년부터 1980년까지 100개 회사를 표본으로 하여 다음과 같은 다중회귀모형을 사용하였다.

$$PAY_i = CONSTANT + a \cdot INS_{it} + b \cdot GROW_{1it} + c \cdot GROW_{2it} + d \cdot BETA_{it} + e \cdot STOCKit + e_{it}$$

여기에서, PAY   : 배당성향
        CONSTANT : 상수
        INS   : 내부자 지분율
        $GROW_1$: 과거 7년간 매출액 성장률
        $GROW_2$: 경영자가 예측하는 향후 5년간 매출액 성장률
        BETA   : 체계적 위험을 나타내는 β계수
        STOCK   : log(총주식수)

실증분석결과, 매출액 성장률과는 부(−)의 관계를 가지며, 대리인비용을 대변하는 변수인 경영자지분율과는 부(−)의 관계, 총주식수와는 정(+)의 관계를 보여주었으며, 기업위험과는 부(−)의 관계를 나타내주었다. 즉 어느 특정기업의 경우, 고성장이 전망되고 많은 자금이 필요하게 되면 낮은 배당수준에서 최적을 이루게 되지만, 내부자지분율이 낮은 경우, 배당지급이 적을 때 대리인비용은 높아지므로 보다 높은 배당성향에서 최적배당수준이 이루어져야 한다는 것이다.

② Lloyd, Jahera & Page의 연구

Lloyd-Jahera-Page는 Rozeff의 이론을 강력히 지지하면서, 일반적으로 규모가 큰 기업은 더욱 성숙되고, 자본시장에 접근하기 용이하기 때문에 상대적으로 내부자금의 의존도가 적다고 주장하였다. 이것은 규모가 작은 기업보다 큰 규모의 기업이 보다 많은 배당을 지급함으로써, 대리인 비용을 통제하려 한다는 것이다. 이들은 로제프가 사용한 5개 변수 외에, 기업규모를 나타내는 변수인 매출액을 추가시켜 회귀분석한 결과, 기업의 규모와 배당과는 정(＋)의 상관관계가 존재하게 된다는 것이다.[35]

또한 이들은 보통주의 총주식수 대신 새로운 변수인 주주1인당 주식보유수를 사용하였는데, 그 결과 규모는 회귀식 5개가 정(＋)의 상관관계를 나타내 주었으며, 이들 중 2개만 유의성이 인정되었다.

---

35) Lloyd, William P., Jahera, John S. and Page, Paniel E., "Agency Cost and Dividend Payout Ratio", Quartely Journal of Business Economic, Vol.24, 1985, pp.19-29.

③ Miller & Rock의 연구

(표 2-9) 배당의 정보효과에 관한 연구결과

연구자	연구내용	정보효과
Charest (1978)	10% 이상 배당변화의 차이가 있는 경우만을 연구	있 음
Gonedes (1978)	배당변화와 동시적 변수(이익 변수 등)의 효과를 연구	없 음
Aharony Swary (1980)	배당변화를 이익발표 효과와 분리 시켜서 연구	있 음
Kwan (1981)	배당예측의 잡음을 제거하여 배당의 정보효과 연구	있 음
Asquith Mullins (1983)	최초로 배당을 지급한 기업과 10년 만에 배당을 재개한 기업 연구	있 음
Brickley (1983)	정규배당과 특별배당을 구분하여 연구	있 음
Handjinicolouu kalay (1984)	배당발표 전후의 채권가격의 변화를 연구	있 음

자료: 남상구, 배당의 정보효과와 기업의 배당정책, 한국신용평가(주) 1988, P.47.

Miller-Rock은 기업의 재무적 전망에 관한 신호를 전달하는 데 사용되는 대체적 수단 가운데 배당이 비용 면에서 가장 효율적이기 때문에, 높은 배당세율의 불이익에도 불구하고 경영자들은 기업의 미래전망을 전달하는 신호(Signalling)로 배당을 지급한다고 주장했다.[36]

그러므로 최적배당정책은 배당에 관한 신호이득과 신호비용[37]의 대체관계에 의해 수립될 수 있다.

배당의 정보효과에 관한 기존의 연구결과에 관한 내용을 요약하면 (표 2-9)와 같다.

---

36) Miller, M. H. and Rock, K., "Dividend Policy under Asymmetric Information", Journal of Finance, Sep 1985., pp.1051.
37) 배당의 신호비용은 배당소득세율과 자본이득세율과의 차이이다.

3. 소유구조와 기업가치

(1) Berle & Means의 연구

경영자의 지분율이 낮아지고 주식이 여러 주주에게 분산되면 될수록 주주는 경영자를 통제할 수 없게 된다. 이와 같은 경우에 기업의 자산은 주주보다 오히려 경영자의 이익에 기여하도록 운용되어 기업의 가치를 하락 시킬 수 있다고 Berle-Means는 주장 하였다.[38] 결국 이 문제는 이론적으로 정확히 규명될 수 없는 문제로서, 각 실증연구마다 다른 결론이 도출 되었다. 즉 경영자지배기업의 가치가 낮다는 가설을 긍정하는 견해도 있고, 부정하는 견해도 있다. 따라서 긍정적 견해 부정적 견해에 대하여 간략히 살펴보고, 절충이론인 기업가치가 경영자의 지분율에 따라 다르다는 견해를 살펴보고자 한다.

(2) 긍정적 견해

① Jensen & Meckling의 연구

Jensen-Meckling은 Berle-Means의 연구에서 보여주고 있는 기업가치 극대화의 목표에 위배되는 행위는 경영자의 지분율이 증가함에 따라 줄어든다고 주장하였다. 즉 경영자의 지분이 증가하면 기업가치 극대화 목표에 벗어난 행위로 인한 비용을 경영자 자신이 부담하게 되므로 기업의 자산을 함부로 낭비하지 않을 것이다. 이러한 이익합치가설에 의하면, 경영자의 지분이 증가함에 따라 기업의 성과도 증대된다고 할 수 있다.[39]

---

38) Berle, A .A. and Means, G. C., op. cit., pp.30-50.
39) Jensen, M. C. and Meckling, W. H., op. cit., pp.305-360.

② Monsen, Chiu & Cooley의 연구

Monsen-Chiu-Cooley는 1963년 매출액을 기준으로 미국의 500대 기업을 대상으로 실증분석을 실시하였다. 기업성과의 변수를 자기자본순이익률로 하고, 영향변수를 지배형태, 12개의 산업변수, 기업규모 등으로 하여 분석한 결과, 12개 전 산업에 걸쳐 소유자지배기업이 경영자지배기업보다 이익극대화의 목표에 근접하다는 가설을 채택하였다. 이는 경영자지배기업에서 경영자가 다른 목표를 추구하도록 하는 동기적 요인이 존재하기 때문이라고 주장하였다.[40]

③ Bothwell의 연구

Bothwell은 기존의 연구가 통제형태의 수익성, 위험에 미치는 영향을 각각 분리하여 분석함으로써 오류를 범하고 있다고 주장하고, 이 두변수를 동시에 고려하기 위해 CAPM을 도입하였다. 위험조정수익률을 기업성과변수로 하고, 독립변수를 기업의 지배형태, 시장구조의 대용변수인 산업점유도, 시장점유율로 하여 이들의 관계를 분석한 결과, 소유자지배기업의 위험조정수익률이 경영자지배기업보다 더 높은 수익률을 나타내었다.[41]

④ Leland & Pyle의 연구

Leland-Pyle은 경영자들이 자기기업의 미래기대현금흐름을 알고 있는 반면, 잠재적 투자자들은 이를 모른다는 가정하에 기업가치는 경영자 지분율의 함수라는 평가모델을 제시하였다.

---

40) Monsen, J., Chiu, J. S. and Cooley, D. E., "The Effect of Separation of Ownership and Control on The Perfomance of The Large Firm", Quartely Journal of Economics, 1968, pp.435-451.
41) Bothwell, J. L., "Profitability, Risk, and The Separation of Ownership from Control", Journal of Industrial Economics, 1980, pp.303-311.

이들은 경영자가 투자안에 필요한 자금을 시장에서 조달하려고 할 때, 일반투자자는 투자안에 관해 경영자보다 적은 정보를 가지고 있기 때문에 이 투자안의 가치는 주식시장에서의 평균적인 투자와 같게 되는 레몬현상이 발생된다고 주장하였다.

그러므로 높은 수익률의 투자안을 위한 자금을 조달하기 위해서는 투자안의 속성에 관한 정보가 투자자에게 전달되어야 하는데, 이러한 투자안의 질에 관한 정보의 이전은 경영자의 행위를 관찰함으로써 이루어진다. 여기에서 경영자의 행위는 투자안에 참여하는 경영자의 지분율 정도를 말한다. 즉 경영자가 투자하고자 하는 의도를 갖는 투자안에 대한 경영자의 지분은, 일반투자자들에게는 일종의 신호로서 작용한다는 것이다. 그리고 이때 경영자는 자신의 포트폴리오 기말가치를 최대화시키는데, 이 경영자의 포트폴리오 기말가치는 투자안, 시장 포트폴리오, 무위험자산의 수익에 의해 결정된다. 이런 경우에 소유경영자는 자기의 소유지분을 포트폴리오 분산측면에서의 최적점 이상으로 높이면서 정보 전달의 도구로 사용한다. 즉 지분율은 기업가치가 낮은 경영자가 흉내내기엔 비용이 드는 것으로, 경영자의 지분율이 높을수록 기업가치는 높다고 주장한다.[42]

(3) 부정적 견해

① Demsetz의 연구

경영자에 대한 보상은 간접적이고 음성적인 형태의 보수와 공식적인 보상으로 나눌 수 있고, 경쟁시장에서 경영자의 적정보상은 이 두 가지

---

42) Leland, H. E. and Pyle, D. H., "Informational Asymmetries, Financial Structure, and Financial Intermediation," Journal of Finance, May 1977, pp.371-387.

유형의 보수를 합한 금액을 기준으로 결정하게 된다. 따라서 경영자의 불성실한 기업행위가 경영자의 보수에 정확히 반영될 수밖에 없다. 결국 경영자는 주주의 이익극대화 이외에 여타의 동기적 행위를 시도할 여지는 한정될 수밖에 없다는 것이다.[43]

② Fama의 연구

경쟁시장하에서의 경영자서비스의 시장가격은 미래에 있을 수 있는 도덕적 위해(Moral Hazard)를 모두 반영하는 것으로 보았다. 설사 어느 한 시점에서 경영자의 불성실한 행위가 포착되지 않고 지나쳐 버렸다 할지라도 이는 사후적 조정을 통하여 경영자의 보수에 모두 반영된다는 것이다. 그러므로 경영자가 자신의 현재 보수를 극대화하기 위해서는, 자신의 자의적 기업행위를 최대한 자제할 것이며, 주주의 이익극대화를 위하여 최선을 다할 것이라고 주장하였다.[44]

(4) 절충적 견해

① Morck, Shleifer & Vishny의 연구

1980년을 기준으로 500대 기업가운데 371개 기업을 대상으로 지분율과 성과변수인 Tobin의 Q값과 회계적이익률을 회귀분석한 결과, 단순한 선형관계가 아니라 경영자의 지분율 수준에 따라 다른 관계를 갖는 것으로 나타났다. 즉 경영자의 지분율이 아주 낮은 상태(0%-5%)에서는 Q값

---

43) Demsetz, Harold, "The Structure of Ownership and The Theory of the Firm", The Journal of Law and Economics, Vol.26, No.2, June 1983, pp.375-390.
44) Fama, Eugen F., "Agency Problem and The Theory of the Firm", Journal of Political Economy, Vol.88, No.2, April 1980, pp.288-307.

50

이 증가하다가, 지분율이 상승하면(5%-25%) Q값은 감소하였으며, 지분율이 25% 以上이 되면 Q값은 다시 증가하는 것으로 나타났다. 이런 결과는 주주이익침해가설(Entrenchment Hypothesis)과 주주이익합치가설(Convergence of Interest Hypothesis)로 설명이 가능하다.[45] 즉 기업가치가 상승하는 부분은 주주와의 이익합치성향이 강하고, 기업가치가 하락하는 부분은 주주이익침해성향이 강하다고 볼 수 있다.[46]

② Stulz의 연구

Stulz는 경영자의 지분율이 합병가능성과 합병 시 제공하는 프리미엄 모두에 영향을 미친다고 주장하였다. 즉 적대적인 기업인수권자(Hostile Bidder)가 인수대상기업의 통제권을 얻기 위해 제공하는 프리미엄은 경영자의 지분율이 증가함에 따라 증가하게 되나 기업인수가 성공할 확률은 줄어들게 된다.

이러한 이유로 기업가치와 경영자의 지분율 사이에는 곡선 관계가 성립한다. 이런 곡선 관계에서는 경영자의 지분율이 증가할 때 기업가치는 증가하지만, 지분율이 50%가 되기 전에 감소하기 시작한다. 즉 경영자지분율이 50%에 도달하면 기업인수가 성공할 확률은 0%이므로 기업가치는 최저치에 도달한다는 것이다.[47]

---

45) 경영자의 근본적 성향은 기업의 자원을 그들 자신의 이익을 위하여 사용하는 것인데 이는 외부주주들의 이해와 상충되고 기업가치에 부정적 영향을 미친다. 또 다른 성향은 경영자의 지분율이 증가함에 따라 경영자의 이해를 외부주주들과 일치시키려 노력하는 것인데 이는 기업가치에 긍정적 영향을 미친다.
46) Morck, R., Shleifer, A. and Vishny, R. W., "Management Ownership and Market Valuation: An Empirical Analysis", Journal of Financial Economics, Vol.20, 1988, pp.293-315.
47) Stulz, Rene M., op. cit., pp.25-54.

③ Wruck의 연구

Wruck은 지분율의 변화가 기업가치에 미치는 영향은 기업 내부의 자원배분과 기업인수가능성에 대한 시장평가 때문이라고 보았다. 지분율이 집중되면 기업인수가 어려워지고 거래자체에 매우 큰 비용이 드는 반면, 경영자의 기업가치극대화의 의사결정에 영향을 미칠 수 있다. 반대로 지분율이 낮으면 경영자의 의사결정에 강한 영향은 미칠 수 없으나 기업인수를 용이하게 만들 수 있다.

Wruck의 분석결과, 경영자의 지분율이 아주 낮은 상태(0%-5%)에서는 Q값이 증가하다가 지분율이 상승하면(5%-25%) Q값은 감소하였으며, 지분율이 25% 이상이 되면 Q값은 다시 증가함을 보여주고 있다.[48] 따라서 기업가치는 지분율의 수준에 따라 달라짐을 보여주고 있다.

④ McConnel & Servaes의 연구

지분율과 기업가치관계를 분석하기 위하여 1976년 1,173개 기업과 1986년 1,093개의 기업을 표본으로 하여 Tobin.s Q와 지분율 간의 횡단면 회귀분석을 실시하였다.

두 표본 모두 Tobin.s Q와 경영자지분율 간에는 유의적인 곡선 관계가 발견되었으며, Tobin.s Q는 처음에는 증가하다가 지분율이 집중될수록 곡선의 변환점(1976년 59.4%, 1986년 37.6%)을 지나면서 완만하게 하락하기 시작했다.

또한 Tobin.s Q와 기관투자자지분율 간에는 두 표본 모두 유의적인 정(+)의 관계가 발견되었으며, 변환점(1976년 50.7%, 1980년 46.5%)까지는 기업가치가 증가하다가 감소하기 시작하였다.

---

48) Wruck, K. H., "Equity Ownership Concentration and Firm Value: Evidence from Private Equity Financings", Journal of Financial Economics, Vol.23, 1989, pp.3-28.

반면에 5% 이상의 지분율을 보유하고 있는 외부주주(Block Stockholder)들의 지분율과, Tobin,s Q 간에는 유의적인 관계가 존재하지 않는 것으로 나타났다.[49]

⑤ Pound의 연구

Pound는 기관투자자의 지분이 기업가치에 미칠 수 있는 영향에 대하여 세 가지 가설을 제시하였다.

첫째는, 효율적 감시가설로 많은 지분을 가진 기관투자자는 분석능력과 정보체계를 가지고 있어, 소액투자자보다는 훨씬 싼 비용으로 경영자들을 감시할 수 있으므로, 기관투자자의 지분이 높을수록 기업가치는 증가한다는 것이다.

둘째는, 전략적 일치가설로 백지위임장 투쟁(Proxy Fight)에서 기관투자자는 현재 경영자와 같은 입장에 서기 쉽다. 이러한 경우 기관투자자의 소유지분이 커질수록 기업가치는 감소한다는 것이다.

셋째는, 이익충돌가설로 기관투자자가 기업과는 서로 다른 수익성 있는 사업을 가지고 있어서 경영층으로 하여금 자기들을 위해 투표하도록 강요하기 때문에 기업가치는 기관투자자의 소유 지분이 커질수록 감소한다.[50]

⑥ 김주현의 연구

김주현의 연구결과[51]에 의하면, 소유경영자 지분과 기업의 가치(Tobin-Q)는 단순한 직선의 관계가 아니라 한번의 구조적 전환점을 가진 선형관계를 보였다. 소유 경영자 지분이 40% 이하에선 지분이 감소

---

49) McConncl, J. J. and Scrvacs, H., op. cit., pp.595-612.
50) Pound, John, "Proxy Contests and The Efficiency of Shareholder Oversight", Journal of Financial Economics, Vol.20, 1988, pp.237-265.
51) 김주현, "기업의 소유구조와 기업가치의 연관성에 관한 연구", 재무연구 제5호, 한국재무학회, pp.129-154.

하면서 기업의 가치는 조금씩 증가하는 약한 역의 상관관계를 보이고, 지분이 40% 이상에선 기업의 가치는 지분의 증가와 함께 상승 했다. 그러나 정(+)의 상관관계를 보이는 부분은 통계적 유의도가 낮은 것으로 나타났다. 나아가 소유 경영자 지분과 기업가치 사이의 역의 상관관계를 설명하는 데 있어 경영자 안주주의(Entrenchment) 가설이 현상을 가장 잘 설명하였다. 우리나라 자본시장이나 경영자 노동시장의 형편상, 시장을 통하여 대리인비용을 줄일 수 있는 장치가 발달되지 못한 상태이어서, 소유경영자의 지분이 높은 상태에서는 경영자가 현실에 안주하려는 성향이 높고, 지분이 낮아지면서 무사안일의 경영태도에서 벗어나는 계기를 만들어 기업의 가치가 높아진다고 설명하고 있다.

(표 2-10) 지분율과 기업가치의 관계에 대한 연구결과

연 구 자	연구결과	연 구 자	연구결과
Berle & Means(1932)	정(+)의 관계	Fama(1980)	부(−)의 관계
Monsen, Chiu & Cooley(1968)	정(+)의 관계	Morck, Shleifer & Vishny(1980)	곡선관계
Jensen & Meckling(1976)	정(+)의 관계	Stulz(1988)	곡선관계
Bothwell(1980)	정(+)의 관계	Wruck(1989)	곡선관계
Leland & Pyle(1977)	정(+)의 관계	McConnel & Servaes(1990)	곡선관계
Demsetz(1983)	부(−)의 관계	김주현(1992)	곡선관계

제3장 소유구조 및 재무적 특성

Ⅰ. 문제제기

    1962년부터 계속하여 실시된 경제개발 5개년 계획의 기간 동안, 우리나라 기업은 수출의 급속한 증진 등으로 량적·질적 발전을 이룩하였고, 국제적 기업으로까지 성장하였다. 그러나 경제개발을 추진함에 있어서 자본축적이 미약했던 우리나라 기업들은 투자재원을 간접금융에 의존함으로씨, 고도성장 과정에서 노출된 각종 부작용이 기업의 부실화 요인으로 등장하였으며, 기업의 체질개선과 더불어 자기자본 형태의 금융이 절실히 요청되기에 이르렀다.

    이에 정부는 기업에 대하여 안정적인 장기자본의 조달원천을 마련하고, 투자재원을 극대화하기 위하여, 1972년 기업공개촉진법을 시행하여 기업의 주식을 공개하도록 유도하였으며, 그 결과 1983년에 328개 기업이, 1993년에 693개 기업이 기업을 공개하고 증권거래소에 상장하였다. 그러나 다수의 국내연구에서 지적된 바와 같이 그러한 정부의 기업정책은 일관된 성과를 거두지 못하였다고 볼 수 있다. 기업공개와 증권시장 육성이 정부의 의도대로 되지 못한 주요인은 기업의 지배권과 관련된 문제라고 할 수 있다. 즉 우리나라 기업은 아직 창업주가 곧 소유주와 경영주를 겸하고 있으며, 친족위주의 기업소유와 지배형태에서 탈피하지 못하고 있는 실정이다. 더욱이 특정주주가 주식을 반수 이상 소유하고 기업경영에 참여하는 경우도 많아, 기업의 소유와 경영의 분리는 우리기업 현실과는 많은 괴리를 보이고 있다. 이러한 상황하에서 자본시장의 개방과, 증권거래법 제200조의 폐지를 앞두고 우리나라 대주주들은 기업경영권에 대한 민감한 반응을 보이고 있다.

따라서 본 장에서는 우리나라 상장기업들을 대상으로 대리인비용의 대용변수인 대주주지분율과 주요주주지분율을 이용하여 소유구조 특성을 알아보고, 재벌기업과 비재벌기업 간, 업종 간 그리고 경영자지배기업과, 소유자지배기업 간 소유구조 특성을 비교 분석하며, 최적의 소유구조가 존재하는지를 분석한다.

또한 부채비율, 배당성향, 주식투자수익률, 그리고 총자본순이익률을 이용하여 상장기업의 재무적 특성을 알아보고, 각 집단 간 재무적 특성을 비교 분석한다.

Ⅱ. 자료 및 분석방법

1. 자　료

본 장에서는 1987년부터 1993년까지 191개 우리나라 상장기업의 소유구조 특성 및 재무적 특성을 파악해 보고자 한다.

(표 3-1) 각 업종별 표본대상 기업

업　종	표본 기업 수	전체 상장 기업	
		1987년3월20일	1994년3월31일
어　업	1	3	3
광　업	3	3	4
음식료	20	31	48
섬유·가죽·의복	19	30	80
나무 및 나무제품	0	3	4
종이 및 종이제품	7	12	27
화학·석유·석탄	28	56	88
고무·프라스틱	7	7	16
비금속광물	13	15	24
제1차금속	9	17	36
조립금속·기계·장비	8	52	37
기타제조	19	4	127
건　설	19	33	45
도·소매	13	24	52
운수·창고	8	10	15
통신업	0	0	2
오락·문화·서비스	1	1	1
금융·보험	16	51	89
합　계	191	352	698

단 주요주주의 지분율과 경영권확보지분율에 의한 소유구조 특성분석과, 재무적 특성분석은 지분분산이 대체로 잘 이루어진 금융업종을 제외한 175개 우리나라 상장기업을 대상으로 한다.

(표 3-1)은 191개의 표본기업에 대한 각 업종별 분포를 보여주고 있다.

　본 연구에서 선정한 표본기업 중에서 1993년을 기준으로 제10대 기업집단, 제30대 기업집단에 속하는 우리나라 상장기업은 38(26.71%)개 기업, 64(36.57%)개 기업이며 업종별 현황은 다음과 같다.

(표 3-2) 각 업종별 재벌기업 현황

업　종	표본기업 수	재벌기업 수		재벌기업비율(%)	
		10대재벌	30대재벌	10대재벌	30대재벌
어　업	1	0	0	0.00	0.00
광　업	3	0	0	0.00	0.00
음식료	20	4	7	20.00	35.00
섬유 · 가죽 · 의복	19	3	9	15.79	47.37
종이 및 종이제품	7	1	1	14.29	14.29
화학 · 석유 · 석탄	28	3	3	10.71	10.71
고무 · 프라스틱	7	0	2	0.00	28.57
비금속광물	13	1	4	7.69	30.77
제1차금속	9	1	1	11.11	11.11
조립금속 · 기계 · 장비	8	1	3	12.50	37.50
기타제조	19	9	9	47.37	47.37
건　설	19	5	11	26.32	57.89
도 · 소매	13	7	10	53.84	76.92
운수 · 창고	8	3	4	37.50	50.00
오락 · 문화 · 서비스	1	0	0	0.00	0.00
합　계	175	38	64	21.71	36.57

　기업의 지배형태는 기준에 따라 다양한 분류가 가능하나, 대수수지분율을 기준으로 하였을 경우에는 크게 경영자지배기업(MCF: Manager-Controlled Firm)과, 소유자지배기업(OCF: Owner-Controlled Firm)으로

분류시킬 수 있다. (표 3-3)은 선행연구에서 지배형태를 분류한 예이다. 본 연구에서는 대주주지분율 20%와 30%를 각각 기준으로 하여 경영자지배기업과, 소유자지배기업으로 분리시켜 분석하였다.[52]

(표 3-3) 지분율에 따른 통제형태 범주의 주요기준

연구자	범주의 총수	경영자지배	소유자지배	기타 범주
Berle and Means (1932)	5	20% 미만 무의결보통주 등을 통한 통제	80% 이상	① 소수통제: 50% 미만 ② 법적형태의 통제: 피라미드형소유[53] ③ 다수통제: 50% 이상
Larner(1966)	2	10% 미만	10% 이싱	
Radice(1971)	2	5% 이하	15% 이상	
Kamerschen(1968)	2	10% 미만	10% 이상	
Palmer(1973)	2	10% 미만	10% 이상	
Sorensen(1974)	2	5% 이하	20% 이상	
Hindley(1970)	2	상위 20위 이내 주주들의 지분율 20% 이하	40% 이상	
Stano(1976)	2	10% 미만	10% 이상	
Bothwell(1980)	3	10% 미만	① 강한 소유자지배: 30% 이상 ② 약한 소유자지배: 10%~30%	

---

52) 경영자지배기업과 소유자지배기업의 구분기준인 대주주지분율 20%와 30%는, 임의의 다른 기준보다 집단 간 차이에 대한 유의도가 높았기 때문이다.
53) 모회사(A)가 자회사(B)의 다수지분을 통해 B회사의 자회사인 C회사를 통제하는 형태.

(표 3-4)를 보면 연구대상으로 선정된 표본기업 중에서 대주주지분율 20%를 기준으로 하였을 경우, 175개 기업 중에서 71개 기업(40.57%)이 경영자지배기업이며, 30%를 기준으로 하였을 경우 128개 기업(73.14%)이 경영자지배기업이다.

또한 소유자지배기업은 대주주지분율 20%를 기준으로 했을 경우 104개 기업(59.43%)이 소유자지배기업이고, 대주주지분율 30%를 기준으로 하였을 경우는 47개 기업(26.86%)이 소유자지배기업이다.

업종별로는 표본수가 적은 어업 그리고 오락·문화·서비스업이 대주주지분율 30% 이상인 소유자지배기업이다. 또한 표본수가 10개 이상인 경우, 대주주지분율 20% 기준하에서 경영자지배기업의 비중이 높은 업종은 섬유·가죽·의복(47.37%), 건설(73.68%), 도·소매(61.54%), 기타제조업(63.16%)이며, 30% 기준하에서는 섬유·가죽·의복(68.42%), 건설(94.74%), 도·소매(92.31%), 기타제조업(94.74%)이다.

(표 3-4) 업종별 지배형태 분류

구 분	20% MCF		20% OCF		30% MCF		30% OCF	
	표본수	비율	표본수	비율	표본수	비율	표본수	비율
어 업	0	0.00	1	100.00	0	0.00	1	100.00
광 업	1	33.33	2	66.67	2	66.67	1	33.33
음식료	6	30.00	14	70.00	11	55.00	9	45.00
섬유 · 가죽 · 의복	9	47.37	10	52.63	13	68.42	6	31.58
종이 및 종이제품	2	28.57	5	71.43	5	71.43	2	28.57
화학 · 석유 · 석탄	10	35.71	18	64.29	19	67.86	9	32.14
고무 · 프라스틱	1	14.29	6	85.71	4	57.14	3	42.86
비금속광물	4	30.77	9	69.23	8	61.54	5	38.46
제1차금속	0	0.00	9	100.00	5	55.56	4	44.44
조립금속 · 기계 · 장비	3	37.50	5	62.50	7	87.50	1	12.50
기타제소	12	63.16	7	36.84	18	94.74	1	5.26
건 설	14	73.68	5	26.32	18	94.74	1	5.26
도 · 소매	8	61.54	5	38.46	12	92.31	1	7.69
운수 · 창고	1	12.50	7	87.50	6	75.00	2	25.00
오락 · 문화 · 서비스	0	0.00	1	100.00	0	0.00	1	100.00
합 계	71	40.57	104	59.43	128	73.14	47	26.86

우리나라 상장기업의 소유집중정도를 알아보기 위하여, 본 장에서 사용되고 있는 자료는 대주주지분율과 주요주주지분율이며, 그 자료는 증권관계기관에 신고되는 대주주지분의 변동자료와 상장회사들이 발행하는 주주명부상의 소유지분 자료로서, 상장회사협의회의 데이타베이스를 이용하였다.

또한 주요주주의 지분율을 이용하여 허핀달지수(Herfindahl Index)를 계산하였으며, Cubbin-Leech의 확률적 의결권행사모형에 의한 경영권확보지분율을 유의수준 0.01, 0.05, 0.1을 기준으로 계산한 후, 초과지분율을 산정하여 우리나라 상장기업의 소유구조 특성을 분석하고자 한다. 단 경영권확보지분율을 계산하는 데 있어서 의결권을 행사할 확률 π는 1/2로 가정하였다.

한편 지분율에 관한 통계는 보고된 자료만을 이용하였는데, 이는 위장분산으로 인하여 실제와는 차이가 있으므로 해석에 주의를 요한다.

（표 3-5） 변수의 선정 및 처리

구분	변수 명	출처	산 출 방 식
소유구조 특성	(S1) 대주주지분율(%)	상장1	특수관계인을 포함한 87~93년도 평균
	(CS) 주요주주 지분율(%)	상장2	지분율5% 이상인 주주들의 93년도 자료
	(HN) 허핀달지지수(%)		$H = \Sigma CS^2$ 93년도 자료
	(MSR1) 경영권확보지분율(%)		$\alpha = 0.01$인 경우, $MSR1 = Z\alpha \times \sqrt{\pi}\ (H\text{-}S1^2)$
	(MSR2) 경영권확보지분율(%)		$\alpha = 0.05$인 경우, $MSR2 = Z\alpha \times \sqrt{\pi}\ (H\text{-}S1^2)$
	(MSR3) 경영권확보지분율(%)		$\alpha = 0.1$인 경우, $MSR3 = Z\alpha \times \sqrt{\pi}\ (H\text{-}S1^2)$
	(ES1) 초과지분율(%)		$ES1 = S1\text{-}MSR1$
	(ES2) 초과지분율(%)		$ES2 = S1\text{-}MSR2$
	(ES3) 초과지분율(%)		$ES3 = S1\text{-}MSR3$
재무적 특성	(DRR) 부채비율(%)	상장1	(부채/자기자본)100 87~93 평균
	(PR) 배당성향(%)	상장1	(주당배당금/주당이익)100 87~93 평균
	(SIR) 주식투자수익률(%)	동서	전년도말에 매입하여 당해연도말에 매도한 것으로 가정한 년간수익률(%)의 87~93 평균
	(TCNR) 총자본순이익률(%)	상장1	(당기순이익/총자본)100 87~93 평균

주: 상장1: 상장회사총감, 상장회사협의회
　　상장2: 상장회사협의회 데이타베이스
　　동서 : 상장기업재무분석, 동서경제연구소

또한 주요주주지분율은 1993년도 자료만을 이용하고 있다. 그 이유는 증권관계기관에서 산정된 자료를 이용한 것이 아니라, 증권거래소 공시실에 보관된 주주명부와 상장회사협의회 데이타베이스에 보관된 주주명부를 이용해서 구한 자료인데, 연구기간 동안에 해당되는 전체표본의 주주명부를 구하는 것이 불가능 하였으며, 연구기간동안 지분율에 대한 큰 변화가 없었기 때문이다.

우리나라 상장기업의 재무적 특성을 알아보기 위하여 사용되고 있는 자료는 부채비율, 배당성향, 주식투자수익률, 그리고 총자본순이익률이며, 그 자료는 상장회사협의회에서 발간하고 있는 상장회사총감과, 동서경제연구소에서 발행하고 있는 상장기업재무분석을 이용하였다.

2. 분석방법

우리나라 상장기업의 소유구조 특성을 알아보고자, 대주주지분율, 주요주주지분율, 허핀달지수, 경영권확보지분율 그리고 초과지분율에 대하여 전체표본, 업종별, 10대 · 30대 재벌기업과 비재벌기업 그리고 대주주지분율 20%와 30%를 기준으로 경영자지배기업과 소유자지배기업으로 구분하여 빈도분석(Frequency Analysis)을 실시한다.

또한 재무적 특성을 알아보기 위하여, 부채비율과 배당성향을 이용하고, 시장가치성과변수인 주식투자수익률과 회계적 성과변수인 총자본순이익률을 이용하며, 전체표본, 제조업과 비제조업, 10대 · 30대 재벌기업과 비재벌기업 그리고 대주주지분율 20%와 30%를 기준으로 경영자지배기업과 소유자지배기업으로 구분하여 빈도분석을 실시한다.

Ⅲ. 기술적 분석

1. 소유구조 특성

(1) 대주주지분율

1) 전체표본

우리나라 상장기업 소유구조의 특성을 파악하기 위하여 주식소유의 집중정도를 분석한 결과가 (표 3-6)과 (표 3-7)이다. 미국이나 일본의 경우 개인 대주주가 10% 이상의 지분을 차지하여 지배적 소유주체가 되는 경우는 거의 없는데, 우리나라 대주주의 평균 지분율은 20% 이상이다. 이와 같은 결과에 의하면, 자본주의의 경험이 앞선 선진국에 비하여 우리나라 기업은 아직도 지분율이 대주주에게 집중되어 있으며, 소유와 경영의 분리가 제대로 이루어지지 못하고 있다는 것을 알 수 있다.

(표 3-6) 대주주지분율 분포

(단위: %)

대주주지분율 범 위	금융업종 제외			금융업종 포함		
	기업수	비 율	누적비율	기업수	비 율	누적비율
0- 4.99	1	0.6	0.6	3	1.6	1.6
5- 9.99	17	9.7	10.3	28	14.7	16.2
10-14.99	25	14.3	24.6	27	14.1	30.4
15-19.99	28	16.0	40.6	28	14.7	45.0
20-24.99	27	15.4	56.0	27	14.1	59.2
25-29.99	33	18.9	74.9	34	17.8	77.0
30-34.99	21	12.0	86.9	21	11.0	88.0
35-39.99	12	6.9	93.7	12	6.3	94.2
40-44.99	7	4.0	97.7	5	2.6	96.9
45-49.99	3	1.7	99.4	5	2.6	99.5
50-54.99	1	0.6	100.0	1	0.6	100.0
55-100.0	0	0.0	100.0	0	0.0	100.0
합 계	175	100.0	100.0	191	100.0	100.0

(표 3-7) 대주주지분율의 통계량

(단위: %)

구 분	표본	평균	표준편차	최소값	최대값
금융업종 제외	175	23.40	10.34	1.86	54.23
금융업종 포함	191	22.16	10.84	1.86	54.23

2) 업종별 특성

각 업종별 대주주의 지분율은 건설업이 17.24%로서 가장 낮으며, 어업이 40.09%로서 가장 높게 나타나고 있다.

Fama-Jensen[54]의 기업소유구조모형에 의하면 주식소유집중정도를 경제변수로 설명하고 있는데, 경영위험정도가 높은 업종에 있어서는 기업

주가 일반적으로 위험분산의 필요성을 절실히 인식한 나머지 자신의 지
분율을 낮은 수준에서 유지하고자 한다는 것이다. 건설업이 이 경우에
해당되며, 본 연구에서도 대주주지분율이 17.24%로서 가장 낮게 나타나
고 있다.

(표 3-8) 업종별 평균 대주주지분율

(단위: %)

업 종	평 균	표준편차	표본수
어 업	40.09	.00	1
광 업	32.34	16.01	3
음식료	27.00	9.37	20
섬유·가죽·의복	21.54	9.92	19
종이 및 종이제품	30.91	14.44	7
화학·석유·석탄	23.06	8.70	28
고무·프라스틱	28.57	10.17	7
비금속광물	27.50	10.95	13
제1차금속	30.84	6.54	9
조립금속·기계·장비	19.00	11.56	8
기타제조	17.71	7.94	19
건 설	17.24	9.04	19
도·소매	19.17	9.02	13
운수·창고	25.93	6.52	8
오락·문화·서비스	38.36	.00	1
합 계	23.40	10.34	175

　　대규모의 자본투자가 요구되는 업종에 있어서도 大株主의 한정된 자
금동원능력으로 말미암아 지분율은 낮아질 수밖에 없는데, 화학·석유·

---

54) Fama, E. F. and Jensen, M. C., op. cit., pp.301-325.

석탄, 고무·프라스틱제품업이 이에 해당되며, 본 연구에서도 23.06%, 28.57%로 비교적 낮은 지분율을 보이고 있다. 또한 생산기술 및 경영구조의 복잡성 정도가 소유구조에 영향을 미칠 수 있는데, 고도의 생산·경영기술이 요구되는 업종인 조립금속·기계·장비제조업, 기타제조업, 도·소매업의 경우, 19.00%, 17.71%, 19.17%로서 분산된 소유구조를 나타내고 있다.

3) 재벌기업과 비재벌기업

(표 3-9)는 재벌기업과 비재벌기업의 대주주지분율을 나타내고 있는데, 재벌기업의 대주주지분율보다는 비재벌기업의 지분율이 높게 나타나고 있다. 이는 징부기 과도한 계렬기업 확장을 억제하고 출자능력을 초과하는 무리한 타회사 출자를 금지시켰기 때문이다. 한편 이외에도 재벌기업은 상호출자 등의 방법으로 명목상 낮은 지분율로도 지배가 가능하기 때문이라고 볼 수 있다.

(표 3-9) 재벌기업과 비재벌기업 간의 대주주지분율

(단위: %)

구 분		평 균	표준편차	표본수
10 대	재 벌	16.59	7.86	38
	비재벌	25.28	10.17	137
30 대	재 벌	19.16	9.06	64
	비재벌	25.84	10.28	111

4) 지배형태

(표 3-10)을 보면 대주주지분율 20%를 기준으로 지배형태를 분리시킨 결과, 경영자지배기업의 대주주지분율 평균은 13.34%이며, 소유자지

배기업의 평균은 30.26%이다.

또한 대주주지분율 30%를 기준으로 지배형태를 분리시킨 결과, 경영자지배기업의 대주주지분율 평균값은 18.95%이고, 소유자지배기업의 평균은 35.52%이다.

(표 3-10) MCF · OCF 기업의 대주주지분율

(단위: %)

구 분		평 균	표준편차	표본수
20 %	MCF	13.34	4.35	71
	OCF	30.26	7.11	104
30 %	MCF	18.95	7.23	128
	OCF	35.52	7.41	47

(2) 주요주주지분율

1) 전체표본

(표 3-11) 주요주주지분율 및 허핀달지수 분포

(단위: %)

범 위(%)	기업수	비율	누적비율	범 위(%)	기업수	비율	누적비율
0 - 4.99	1	0.6	0.6	0- 49.99	5	2.9	2.9
5 - 9.99	6	3.4	4.0	50- 99.99	8	4.6	7.4
10-14.99	13	7.4	11.4	100- 149.99	17	9.7	17.1
15-19.99	18	10.3	21.7	150- 199.99	20	11.4	28.6
20-24.99	24	13.7	35.4	200- 249.99	18	10.3	38.9
25-29.99	18	10.3	45.7	250- 299.99	4	2.3	41.1
30-34.99	16	9.1	54.9	300- 349.99	11	6.3	47.4
35-39.99	18	10.3	65.1	350- 399.99	9	5.1	52.6
40-44.99	24	13.7	78.9	400- 449.99	12	6.9	59.4
45-49.99	6	3.4	82.3	450- 499.99	5	2.9	62.3
50-54.99	9	5.1	87.4	500- 549.99	9	5.1	67.4
55-59.99	4	2.3	89.7	550- 599.99	4	2.3	69.7
60-64.99	5	2.9	92.6	600- 699.99	8	4.6	74.3
65-69.99	3	1.7	94.3	700- 799.99	8	4.6	78.9
70-74.99	3	1.7	96.0	800- 899.99	5	2.9	81.7
75-79.99	0	0.0	96.0	900- 999.99	9	5.1	86.9
80-84.99	3	1.7	97.7	1,000-1,499.99	11	6.3	93.1
85-89.99	0	0.0	97.7	1,500-1,999.99	7	4.0	97.1
90-94.99	1	0.6	98.3	2,000-3,499.99	3	1.7	98.9
95-99.99	3	1.7	100.0	3,500-5,000.00	2	1.1	100.0
합 계	175	100.0	100.0	합 계	175	100.0	100.0

지분율 5% 이상인 주요주주들의 평균지분율은 (표 3-12)에서 보여주는 바와 같이, 35.13%로서 금융업종을 제외한 대주주의 지분율에 비해 약 11.73% 증가하였다. 이와 같은 결과는 주요주주 중에는 대주주에 포함되지 않은 주주가 상당한 비중을 차지하고 있음을 나타내 주는 것이다.

소수기업의 시장집중도를 나타내기 위해 사용되던 허핀달지수는, Demsetz-Lehn의 미국기업 소유구조 연구에서 소수주주에 의한 주식소유의 집중정도를 알아보는 데 이용되었다[55]. 본 연구에서는 주요주주의 지분율을 이용하여 허핀달지수를 계산하였으며, 그 결과는 Demsetz-Lehn의 평균값 402.75%보다 상당히 높은 561.49%이다. 이는 미국기업에 비해 전체표본기업이 소수주주들에 의한 주식소유가 더욱 집중되었음을 말해주는 것이다.

(표 3-12) 주요주주지분율 및 허핀달지수의 통계량

(단위: %)

구 분	표본	평 균	표준편차	최소값	최대값
주요주주지분율	175	35.13	19.14	0.00	99.80
허핀달 지수	175	561.49	639.96	0.00	4405.87

2) 업종별 특성

(표 3-13)에 의하면 업종에 따라 주요주주지분율이 큰 차이는 보이고 있지 않지만 표본수가 10개 이상인 업종들을 대상으로 하는 경우, 섬유·가죽·의복(42.10%), 제1차 금속업(41.08%)의 주요주주지분율이 가장 높으며, 이에 비해 건설(27.72%), 기타제조업(27.63%)의 경우 가장 낮은 값을 보이고 있다. 또한 허핀달지수의 경우 섬유·가죽·의복(1183.33%), 음식료(894.90%)가 가장 높은 값을 보여주고 있으며, 기타

---

55) Demsets, Harold and Lehn, Kenneth, op. cit., pp.1155-1177.

제조(281.87%), 건설업(283.84%)의 경우 가장 낮은 값을 나타내고 있다.

<표 3-13> 업종별 평균 주요주주지분율 및 허핀달지수

(단위: %)

구 분	주요주주지분율		허핀달지수		표본수
	평 균	표준편차	평 균	표준편차	
어 업	54.17	0.00	904.20	0.00	1
광 업	38.06	17.47	505.84	329.60	3
음식료	35.89	18.16	584.18	894.90	20
섬유·가죽·의복	42.10	24.22	963.68	1183.33	19
종이 및 종이제품	33.08	13.34	627.02	586.61	7
화학·식유·석딘	36.77	21.61	588.75	547.85	28
고무·프라스틱	37.63	21.58	708.48	546.69	7
비금속광물	37.38	22.48	611.90	598.30	13
제1차금속	41.07	14.73	652.51	397.14	9
조립금속·기계·장비	33.56	19.37	489.22	496.10	8
기타제조	27.63	12.55	363.82	281.87	19
건 설	27.72	12.21	318.48	283.84	19
도·소매	32.90	23.99	414.69	423.82	13
운수·창고	34.56	18.74	398.85	239.55	8
오락·문화·서비스	56.42	0.00	724.87	0.00	1
합 계	35.13	19.14	561.49	639.96	175

이러한 결과는 주식소유의 집중정도를 대주주지분율을 기준으로 하여 계산하였을 때와는 약간의 차이를 보인다. 즉 주요주주지분율을 주식소유집중정도의 척도로 사용함으로써 대주주지분율을 기준으로 할 때, 전체표본의 평균지분율보다 낮았던 섬유·가죽·의복업의 집중률이 타 업

종에 비해 높게 나타나고 있으며, 허핀달지수를 사용한 경우에도 섬유·
가죽·의복업 및 음식료업의 지수가 타 업종에 비하여 월등히 높게 나타
나고 있다. 이러한 결과는 주요주주 가운데 대주주에 포함되지 않은 주
주가 타 업종에 비하여 많은 비중을 차지하기 때문이라고 볼 수 있다.

3) 재벌기업과 비재벌기업

(표 3-14) 재벌·비재벌기업의 주요주주지분율 및 허핀달지수

(단위: %)

구 분		주요주주지분율		허핀달지수		표본수
		평 균	표준편차	평 균	표준편차	
10 대	재 벌	32.43	16.80	454.99	560.55	38
	비재벌	35.83	19.73	591.02	659.13	137
30 대	재 벌	34.54	19.37	539.14	711.60	64
	비재벌	35.46	19.08	574.37	597.80	111

(표 3-14)를 보면 10대 그리고 30대 재벌·비재벌기업의 경우 주요주
주지분율 및 허핀달지수의 평균값이 약간의 차이를 보이고 있으며, 대주
주지분율의 결과와 마찬가지로 재벌기업보다는 비재벌기업의 경우 더 높
은 집중정도를 나타내 주고 있다.

4) 지배형태

(표 3-15) MCF·OCF 기업의 주요주주지분율 및 허핀달지수

(단위: %)

구 분		주요주주 지분율		허핀달 지수		표본 수
		평 균	표준편차	평 균	표준편차	
20 %	MCF	25.77	14.29	292.70	406.17	71
	OCF	41.51	19.45	744.99	704.23	104
30 %	MCF	31.76	17.70	462.64	568.70	128
	OCF	44.29	20.29	830.69	744.99	47

대주주지분율 20%를 기준으로 지배형태를 분리시킨 경우, 소유자지배기업과 경영자지배기업의 주요주주지분율 평균값 차이는 15.74%이고, 허핀달지수의 평균값 차이는 298.06%로서 상당히 큰 차이를 보여주지만, 지분율 30%를 기준으로 하는 경우, 그 차이는 12.54%, 176.29%로서 상당히 감소되었음을 알 수 있다.

(3) 경영권확보지분율

1) 전체표본

(표 3-16), (표 3-17)은 이론적으로 계산된 경영권확보지분율의 분포 및 관련통계치들을 나타내 주고 있다. 기업주인 대주주가 지지하는 결의안이 주주총회에서 통과될 확률을 99%, 95%, 90% 세 가지 경우로 구분하였으며, 유의수준 $\alpha=0.01$을 가정한 경영권확보지분율이 가장 보수적인 입장에서 계산된 값이다.

(표 3-16) 경영권확보지분율의 분포

(단위: %)

범위 (%)	α=0.01			α=0.05			α=0.1		
	기업수	비 율	누적비율	기업수	비 율	누적비율	기업수	비 율	누적비율
0- 4.99	76	43.4	43.4	104	59.4	59.4	121	69.1	69.1
5- 9.99	50	28.6	72.0	38	21.7	81.1	37	21.1	90.3
10-14.99	21	12.0	84.0	18	10.3	91.4	7	4.0	94.3
15-19.99	12	6.9	90.9	6	3.4	94.9	6	3.4	97.7
20-24.99	5	2.9	93.7	5	2.9	97.7	1	0.6	98.3
25-29.99	5	2.9	96.6	1	0.6	98.3	0	0.0	98.3
30-34.99	2	1.1	97.7	0	0.6	98.3	1	0.6	98.9
35-39.99	1	0.6	98.3	1	0.6	98.9	2	1.1	100.0
40-44.99	0	0.0	98.3	0	0.0	98.9	0	0.0	100.0
45-49.99	0	0.0	98.3	1	0.6	99.4	0	0.0	100.0
50-54.99	0	0.0	98.3	1	0.6	100.0	0	0.0	100.0
55-59.99	1	0.6	98.9	0	0.0	100.0	0	0.0	100.0
60-64.99	0	0.0	98.9	0	0.0	100.0	0	0.0	100.0
65-69.99	0	0.0	98.9	0	0.0	100.0	0	0.0	100.0
70-74.99	2	1.1	100.0	0	0.0	100.0	0	0.0	100.0
75-100.0	0	0.0	100.0	0	0.0	100.0	0	0.0	100.0
합 계	175	100.0	100.0	175	100.0	100.0	175	100.0	100.0

α=0.01의 경우, 전체표본기업의 기업주들이 평균적으로 최소한 8.86% 의 지분율을 보유하여야만 경영권을 확보할 수 있는 것으로 나타났다. α -0.05의 경우 6.25%의 지분율을 그리고 α-0.1의 경우 4.09%의 시분율 을 유지하여야만 경영권을 안정적으로 확보할 수 있다고 볼 수 있다.

(표 3-16)에 제시된 분석결과 중 논리적으로 인정할 수 없는 부분이

있는데, 이는 바로 $\alpha=0.01$의 경우 3개 회사, 그리고 $\alpha=0.5$의 경우 1개 회사의 경영권확보지분율이 50% 이상인 것으로 나타났다. 계산결과에서 발견된 이러한 비논리성은 Cubbin-Leech모형의 원천적인 한계성을 말해 주는 것으로 풀이된다.[56]

(표 3-17) 경영권확보지분율의 통계량

(단위: %)

변 수	표 본	평 균	표준편차	최소값	최대값
$\alpha=0.1$	175	4.89	5.77	0.04	39.72
$\alpha=0.05$	175	6.26	7.39	0.05	50.89
$\alpha=0.01$	175	8.86	10.46	0.08	71.99

(표 3-18), (표 3-19)는 실제 대주주지분율과 Cubbin-Leech모형에 의해 계산된 경영권확보지분율의 차이, 즉 전체표본기업 대주주들의 초과지분율을 요약한 것이다. $\alpha=0.01$를 채택하였을 경우 우리나라 대주주들은 평균 14.54%를, $\alpha=0.05$의 경우에는 17.14%를 그리고 $\alpha=0.1$의 경우에는 18.51%를 초과하여 주식을 소유한 것으로 나타났다.

---

56) Cubbin-Leech모형의 계산된 결과가 보다 합당한 의미를 갖기 위해서는 대주주1인 이외의 주주가 수적으로 많고 그들의 소유지분이 개별적으로 그리 큰 값이 아니어야 한다. 경영권확보지분율이 50% 이상 비합리적으로 나타난 표본기업들의 지분분포를 살펴보면 대주주의 지분율은 20% 미만으로 비교적 낮고 대주주 이외의 주요주주지분율은 60% 이상의 높은 집중도를 보이고 있다. 따라서 이러한 표본기업들에 대해서는 Cubbin-Leech모형을 적용할 수 없는 것으로 풀이된다.

(표 3-18) 초과지분율의 분포

(단위: %)

범 위(%)		α=0.01			α=0.05			α=0.1		
		기업수	비율	누적비율	기업수	비율	누적비율	기업수	비율	누적비율
-45-	-40.01	2	1.1	1.1	0	0.0	0.0	0	0.0	0.0
-40-	-35.01	0	0.0	1.1	0	0.0	0.0	0	0.0	0.0
-35-	-30.01	1	0.6	1.7	0	0.0	0.0	0	0.0	0.0
-30-	-25.61	0	0.0	1.7	1	0.6	0.6	0	0.0	0.0
-25-	-20.01	0	0.0	1.7	1	0.6	1.1	0	0.0	0.0
-20-	-15.01	0	0.0	1.7	0	0.0	1.1	1	0.6	0.6
-15-	-10.01	0	0.0	1.7	1	0.6	1.7	0	0.0	0.6
-10-	-5.01	0	0.0	1.7	0	0.0	1.7	1	0.6	1.1
- 5-	-0.01	4	2.3	4.0	0	0.0	1.7	1	0.6	1.7
0-	4.99	16	9.1	13.1	7	4.0	5.7	5	2.9	4.6
5-	9.99	33	18.9	32.0	28	16.0	21.7	22	12.6	17.1
10-	14.99	33	18.9	50.9	42	24.0	45.7	38	21.7	38.9
15-	19.99	35	20.0	70.9	27	15.4	61.1	29	16.6	55.4
20-	24.99	22	12.6	83.4	31	17.7	78.9	30	17.1	72.6
25-	29.99	19	10.9	94.3	20	11.4	90.3	29	16.6	89.1
30-	34.99	7	4.0	98.3	12	6.9	97.1	12	6.9	96.0
35-	39.99	2	1.1	99.4	2	1.1	98.3	4	2.3	98.3
40-	44.99	1	0.6	100.0	3	1.7	100.0	3	1.7	100.0

경영권확보지분율 이하의 수준을 보유하고 있기 때문에 경영권을 위협받을 수 있는 기업이 없는 것도 아니다.

(표 3-19) 초과지분율의 통계량

(단위: %)

유의 수준	표본	평균	표준편차	최소값	최대값
α=0.1	175	18.51	9.59	-17.61	45.90
α=0.05	175	17.14	9.99	-26.15	43.56
α=0.01	175	14.54	11.36	-42.30	40.58

(표 3-18)에 의하면 α=0.01의 경우, 전체표본기업의 4.0% 정도가 지배지분율에 미달되고 있으며, α=0.05 그리고 α=0.1 수준에서는 1.7% 정도가 경영권확보지분율을 확보하지 못하고 있는 것으로 나타나고 있다.

2) 업종별 특성

(표 3-20)은 경영권확보지분율의 업종별 평균값들을 제시하고 있다. α=0.01의 경우 표본수 10개 이상의 주요업종 중 섬유·가죽·의복(15.50%), 화학·석유·석탄(9.31%), 비금속광물(9.62%) 등이 비교적 높은 경영권확보지분율을 보였다. 그에 비하여 건설(4.96%), 도·소매(6.51%), 기타제조업(5.71%) 등은 전체표본의 평균값보다 낮은 수준의 경영권확보지분율을 보였다. 경영권확보지분율이 업종들 간에 이러한 차이를 보이게 되는 이유는, 대주주 이외의 주주들에 의한 주식소유 분산정도가 업종마다 상이하기 때문이다. 다시 말해서 대주주 이외의 기타주주들에 의한 주식소유의 분산정도가 높은 업종일수록 경영권확보지분율이 낮을 수밖에 없다.

(표 3-20) 업종별 평균 경영권확보지분율

(단위: %)

구 분	α=0.01		α=0.05		α=0.1		표본 수
	평 균	표준편차	평 균	표준편차	평 균	표준편차	
어 업	14.22	0.00	10.05	0.00	7.85	0.00	1
광 업	7.79	5.20	5.51	3.68	4.30	2.87	3
음식료	9.17	14.68	6.48	10.38	5.06	8.10	20
섬유·가죽·의복	15.50	19.43	10.96	13.74	8.55	10.72	19
종이 및 종이제품	9.81	9.45	6.93	6.68	5.41	5.22	7
화학·석유·석탄	9.31	8.93	6.58	6.31	5.14	4.93	28
고무·프라스틱	11.19	8.91	7.91	6.30	6.17	4.92	7
비금속광물	9.62	9.72	6.80	6.87	5.31	5.37	13
제1차금속	10.23	6.50	7.23	4.59	5.64	3.59	9
조립금속·기계·장비	7.74	8.08	5.47	5.71	4.27	4.46	8
기타제조	5.71	4.55	4.03	3.22	3.15	2.51	19
건 설	4.96	4.56	3.50	3.22	2.74	2.52	19
도·소매	6.51	6.86	4.60	4.84	3.59	3.78	13
운수·창고	6.14	3.96	4.34	2.80	3.39	2.19	8
오락·문화·서비스	11.30	0.00	7.99	0.00	6.23	0.00	1
합 계	8.86	10.46	6.26	7.39	4.89	5.77	175

(표 3-21)은 업종별 평균 초과지분율을 보이고 있다. 표본수가 10개 이상인 우리나라 주요업종 중에서 α=0.01 수준에서는 음식료(17.83%), 비금속광물(17.89%)이 진체표본의 평균값보다 높은 초과시분율을 보였 으며, 섬유·가죽·의복업(6.04%) 등이 평균보다 낮은 초과지분율을 나 타냈다.

(표 3-21) 업종별 평균 초과지분율

(단위: %)

구 분	α=0.01		α=0.05		α=0.1		표본 수
	평 균	표준편차	평 균	표준편차	평 균	표준편차	
어 업	25.87	0.00	30.04	0.00	32.24	0.00	1
광 업	24.55	12.09	26.84	13.15	28.04	13.74	3
음식료	17.83	14.88	20.52	11.73	21.94	10.41	20
섬유·가죽·의복	6.04	19.76	10.58	15.06	12.99	12.89	19
종이 및 종이제품	21.10	8.38	23.98	9.60	25.50	10.49	7
화학·석유·석탄	13.75	8.15	16.48	7.25	17.92	7.13	28
고무·프라스틱	17.38	9.47	20.66	8.79	22.39	8.73	7
비금속광물	17.89	8.49	20.71	8.16	22.20	8.37	13
제1차금속	20.61	7.55	23.61	6.64	25.19	6.34	9
조립금속·기계·장비	11.27	11.00	13.53	10.54	14.73	10.51	8
기타제조	12.00	6.71	13.67	6.78	14.56	6.93	19
건 설	12.29	6.37	13.74	6.95	14.51	7.34	19
도·소매	12.66	5.58	14.57	6.01	15.58	6.48	13
운수·창고	19.80	8.28	21.60	7.59	22.55	7.28	8
오락·문화·서비스	27.06	0.00	30.37	0.00	32.12	0.00	1
합 계	14.54	11.36	17.14	9.99	18.51	9.59	175

3) 재벌기업과 비재벌기업

(표 3-22)를 보면 재벌기업보다는 비재벌기업의 경영권확보지분율 및 초과지분율이 대체로 높게 나타나고 있으며, 그 차이는 10대 재벌·비재벌기업의 차이가 30대 재벌·비재벌기업의 차이보다 크다는 것을 알 수 있다.

(표 3-22) 재벌·비재벌기업의 경영권확보지분율 및 초과지분율

(단위: %)

구 분			경영권확보지분율		초과지분율		표본 수
			평 균	표준편차	평 균	표준편차	
α=0.1	10 대	재 벌	3.98	5.07	12.61	8.18	38
		비재벌	5.14	5.94	20.15	9.33	137
	30 대	재 벌	4.72	6.43	14.44	8.88	64
		비재벌	4.98	5.38	20.86	9.23	111
α=0.05	10 대	재 벌	5.10	6.50	11.49	8.82	38
		비재벌	6.58	7.62	18.70	9.76	137
	30 대	재 벌	6.05	8.24	13.11	9.64	64
		비재벌	6.38	6.90	19.46	9.48	111
α=0.01	10 대	재 벌	7.21	9.19	9.38	10.44	38
		비재벌	9.31	10.77	15.97	11.22	137
	30 대	재 벌	8.56	11.65	10.61	11.71	64
		비재벌	9.03	9.76	16.81	10.55	111

4) 지배형태

(표 3-23)을 보면 α=0.01 수준에서 대주주지분율이 20% 미만인 경영자지배기업의 경영권확보지분율은 평균 4.60%, 초과지분율은 평균 7.51%로서, 소유자지배기업의 경영권확보지분율 11.76%, 초과지분율 11.86%보다 낮게 나타나고 있다. 또한 α=0.1, α=0.05 수준에서 대주주지분율이 30% 이상인 소유자지배기업의 경영권확보지분율이 경영자지배기업의 경영권확보지분율보다 높게 나타나고 있으며, 초과지분율에 있어서도 소유자시배기업이 성영자지배기업보다 높다는 것을 알 수 있다.

〈표 3-23〉 MCF·OCF 기업의 경영권확보지분율 및 초과지분율

(단위: %)

구 분			경영권확보지분율		초과지분율		표본 수
			평 균	표준편차	평 균	표준편차	
α=0.1	20%	MCF	2.54	3.66	10.81	5.35	71
		OCF	6.49	6.38	23.77	8.20	104
	30%	MCF	4.03	5.14	14.92	6.98	128
		OCF	7.22	6.75	28.30	8.94	47
α=0.05	20%	MCF	3.25	4.72	10.09	6.02	71
		OCF	8.31	8.17	21.95	9.30	104
	30%	MCF	5.16	6.58	13.78	7.56	128
		OCF	9.25	8.65	26.27	10.17	47
α=0.01	20%	MCF	4.60	6.67	8.74	7.51	71
		OCF	11.76	11.56	18.50	11.86	104
	30%	MCF	7.30	9.31	11.64	9.19	128
		OCF	13.08	12.23	22.44	12.94	47

2. 재무적 특성

(1) 부채비율

자본잠식의 경우를 제외한 175개 전체표본기업의 1987년부터 1993년 까지의 평균 부채비율은 349.21%이며, 제조업보다는 비제조업이, 비재벌 기업보다는 재벌기업의 부채비율이 더욱 높다는 것을 〈표 3-24〉는 보여 주고 있다. 특히 재벌기업의 부채비율이 비재벌기업에 비하여 높게 나타 나고 있는데, 이는 자금의 초과수요 상태에서 대기업을 중심으로 한 정

부의 저금리 정책 때문이라고 볼 수 있다. 또한 지분율이 30% 이상인 소유자지배기업일수록 경영자지배기업의 부채비율보다 더욱 높게 나타나고 있는데, 이는 지분율이 30% 이상인 기업일수록 대리인비용의 감소로 인하여 부채를 통한 자본조달을 선호한다고 볼 수 있다.

<표 3-24> 부채비율에 의한 특성

(단위: %)

구 분	표 본	평 균	표준편차	최소값	최대값
전체 표본	175	349.208	485.866	49.749	5486.334
제조업	130	329.878	506.998	49.749	5486.334
비 제조업	45	405.051	419.079	71.169	2565.754
10대 재 벌	38	475.480	429.434	108.876	2565.754
10대 비재벌	137	314.184	496.149	49.749	5486.334
30대 재 벌	64	488.367	722.555	108.876	5486.334
30대 비재벌	111	268.972	237.987	49.749	1557.673
20% MCF	71	355.648	332.808	68.970	2565.754
20% OCF	104	344.811	568.743	49.749	5486.334
30% MCF	128	316.524	287.004	49.749	2565.754
30% OCF	47	438.220	808.988	51.306	5486.334

(2) 배당성향

(표 3-25)를 보면 배당성향은 1982년을 정점으로 낮아지는 경향을 보이고 있는데, 이는 기업이 당기순이익 증가에 비해 배당이 증가가 이에 따르지 못하기 때문이라고 볼 수 있다.

(표 3-25) 상장기업의 배당성향

(단위: %)

구 분	1981	1982	1983	1984	1985	1986	1987
배당성향	41.51	30.89	24.32	35.19	44.84	37.77	35.87
당기순이익	5,807	5,458	7,153	8,045	7,365	10,703	16,383

자료: 남상구, 상장기업의 배당정책에 관한 연구, 한국상장회사협의회, 1988, p.68.

(표 3-26)을 보면 분석기간동안 전체표본기업의 평균 배당성향은 약 45.89%로서, 1987년 이전에 비하여 배당규모가 상당히 증가하였음을 알 수 있다. 또한 제조업에 비해 비제조업의 평균 배당성향이 높게 나타나고 있으며, 재벌기업과 비재벌기업 간의 구분에서는 30대 재벌기업이 30대 비재벌기업에 비하여 평균 배당성향이 높게 나타나고 있다. 지분율이 30% 이상인 소유자지배기업이 경영자지배기업의 배당성향보다 더욱 낮게 나타나고 있는데, 이는 지분율이 30% 이상인 소유자지배기업일수록 지분의 대리인비용 감소로 인하여 낮은 수준의 배당을 선호한다고 볼 수 있다.

(표 3-26) 배당성향에 의한 특성

(단위: %)

구 분	표본	평 균	표준편차	최소값	최대값
전체 표본	175	45.894	41.029	-27.129	354.714
제조업	130	43.202	37.760	-27.129	354.714
비 제조업	45	53.672	48.922	0.000	291.957
10대 재 벌	38	45.623	27.380	0.800	141.529
10대 비재벌	137	45.970	44.156	-27.129	354.714
30대 재 벌	64	47.755	27.283	0.000	141.529
30대 비재벌	111	44.821	47.257	-27.129	354.714
20% MCF	71	44.501	23.150	.000	122.371
20% OCF	104	46.846	49.772	-27.129	354.714
30% MCF	128	49.206	43.286	.000	354.714
30% OCF	47	36.874	32.876	-27.129	167.543

(3) 기업성과

우리나라 상장기업의 성과를 알아보기 위하여 사용되고 있는 변수는 증권시장에서의 성과변수인 주식투자수익률과, 회계적 성과변수인 총자본순이익률이다.

(표 3-27)을 보면 분석기간동안 전체표본기업의 주식투자수익률은 약 30% 정도라는 것을 알 수 있다. 또한 제조업보다는 비제조업의 평균 주식투자수익률이 높게 나타나고 있으며, 재벌기업과 비재벌기업 간의 구분에 있어서는 큰 차이가 없게 나타나고 있음을 알 수 있다.

(표 3-27) 주식투자수익률에 의한 특성

(단위: %)

구 분	표본	평 균	표준편차	최소값	최대값
전체 표본	175	30.700	24.747	-126.223	122.110
제조업	130	24.579	19.083	-126.223	70.925
비 제조업	45	48.384	30.392	3.907	122.110
10대 재 벌	38	29.760	24.420	7.097	117.868
10대 비재벌	137	30.961	24.920	-126.223	122.110
30대 재 벌	64	31.469	25.388	-4.693	122.110
30대 비재벌	111	30.257	24.475	-126.223	96.085
20% MCF	71	34.926	23.536	4.932	117.868
20% OCF	104	27.816	25.246	-126.223	122.110
30% MCF	128	32.202	22.074	-37.345	122.110
30% OCF	47	26.611	30.788	-126.223	116.138

　우리나라 상장기업의 회계적 성과변수인 총자본순이익률의 평균값은 약 2.53%이고, 비제조업보다는 제조업의 성과가 더욱 높게 나타나고 있으며, 재벌기업의 성과보다는 비재벌기업의 성과가 더욱 높게 나타나고 있음을 알 수 있다. 한편 경영자지배기업과 소유자지배기업 간에는 회계적 성과와 증권시장에서의 성과가 서로 다른 결과를 보이고 있어 경제적 의미를 부여하기 힘들며, 다른 해석이 필요하다고 본다.

(표 3-28) 총자본순이익률에 의한 특성

(단위: %)

구 분	표 본	평 균	표준편차	최소값	최대값
전체 표본	175	2.525	2.397	-8.534	10.814
제조업	130	2.763	2.612	-8.534	10.814
비 제조업	45	1.840	1.441	-0.376	6.029
10대 재 벌	38	1.629	0.908	-0.209	4.089
10대 비재벌	137	2.774	2.616	-8.534	10.814
30대 재 벌	64	1.688	1.468	-2.157	9.349
30대 비재벌	111	3.008	2.686	-8.534	10.814
20% MCF	71	1.992	2.199	-8.534	10.814
20% OCF	104	2.889	2.468	-2.319	9.969
30% MCF	128	2.484	2.312	-8.534	10.814
30% OCF	47	2.639	2.637	-2.319	9.587

Ⅳ. 요 약

　본 장에서는 우리나라 상장기업의 소유구조 특성을 대주주에 의한 주식소유집중, 주요주주에 의한 주식소유집중, 그리고 경영권확보를 위한 최소한의 필요지분 등 세 가지 측면에서 살펴보았다. 전체표본기업의 평균 대주주지분율은 금융업을 제외한 경우는 23.40%, 금융업을 포함시킨 경우는 22.16%로 일본이나 미국에 비해 상당히 높다는 것을 알 수 있다. 전체표본기업에 대한 주요 업종 간의 비교 분석에서는 어업(40.09%), 오락·문화·서비스(38.36%), 광업(32.34%), 종이 및 종이제품(30.91%), 제1차 금속업(30.84%) 등이 비교적 높은 대주주지분율을 보였으며, 건설

(17.24%), 기타제조(17.71%), 조립금속·기계·장비(19.00%), 도·소매업(19.16%) 등이 상대적으로 낮은 집중률을 나타냈다. 비재벌기업의 경우 재벌기업에 비해 대주주지분율이 높게 나타나고 있으며, 그 차이는 30대 재벌기업과 비재벌기업에서 감소하였다. 대주주지분율에 의한 지배형태기업 간의 비교 분석에서는 20%를 기준으로 한 경우, 경영자지배기업의 평균지분율은 13.34%, 소유자지배기업의 평균지분율은 30.26%를 보였으며, 30%를 기준으로 한 경우는 경영자지배기업이 18.95%를, 소유자지배기업이 35.52%를 나타냈다.

전체표본기업의 주요주주지분율은 평균 35.13%였다. 주식소유의 분산정도를 포괄적으로 파악하기 위하여 주요주주지분율을 이용하여 계산된 허핀달지수는 섬유·가죽·의복업이 월등히 높은 주식소유집중률을 나타냈으며, 운수·창고, 기타제조, 건설업이 다른 업종들보다 낮은 집중률을 보였다.

확률적 의결권행사모형을 사용하여 계산된 전체표본기업의 경영권확보지분율은 α=0.1의 경우 4.89%, α=0.05의 경우 6.26%, α=0.01의 경우 8.86%를 보이고 있다. 대주주지분율과 경영권확보지분율과의 차이를 계산한 결과, 우리나라 대주주들은 대체로 경영권확보를 위하여 필요한 지분율을 초과하여 주식을 소유하고 있는 것으로 나타났다. 업종 간의 차이를 보면 오락·문화·서비스, 어업, 광업, 종이 및 종이제품, 제1차 금속업 등이 전체표본의 평균보다 높은 초과지분율을 보였으며, 조립금속·기계·장비, 기타제조, 건설, 도·소매, 화학·석유·석탄업은 전체표본의 평균보다 낮은 초과지분율을 나타냈다. 비재벌기업의 경우 재벌기업에 비해 높은 경영권확보지분율과 초과지분율을 보였으며, 소유자지배기업이 경영자지배기업에 비해 경영권확보지분율과 초과지분율이 높게 나타났다.

또한 부채비율, 배당성향, 주식투자수익률, 그리고 총자본순이익률을 이용하여 상장기업의 재무적 특성을 살펴보았다.

175개 우리나라 상장기업의 1987년부터 1993년까지의 평균 부채비율은 349.21%이며, 제조업보다는 비제조업이, 비재벌기업보다는 재벌기업이, 지분율 30%를 기준으로 경영자지배기업보다는 소유자지배기업의 부채비율이 더욱 높게 나타났다.

전체표본기업의 평균 배당성향은 약 45.89%이며, 제조업보다는 비제조업이, 30대 비재벌기업보다는 30대 재벌기업이, 지분율 30%를 기준으로 소유자지배기업보다는 경영자지배기업의 배당성향이 높게 나타났다.

기업성과의 대용변수인 주식투자수익률은 약 30.70% 정도이며, 제조업보다는 비제조업이, 소유자지배기업보다는 경영자지배기업의 평균 주식투자수익률이 높게 나타나고 있으며, 재벌기업과 비재벌기업 간의 구분에 있어서는 큰 차이가 없게 나타나고 있음을 알았다. 또한 회계적 성과변수인 총자본순이익률의 평균값은 약 2.53%이고 비제조업보다는 제조업이, 재벌기업보다는 비재벌기업이, 경영자지배기업보다는 소유자지배기업의 성과가 더욱 높게 나타나고 있음을 알 수 있었다.

제4장 실증분석

Demsetz-Lehn(1985)에 의하여 기업소유구조의 결정요인에 관한 실증연구가 시도된 이후[57], 최근 Jensen-Warner(1988)[58] 등을 중심으로 소유구조가 경영자의 행동 및 기업성과에 미치는 영향, 기업의 부채비율(Leverage)과 경영자의 주식소유 및 기업통제시장간의 상호관계, 의결권의 가치문제가 논의되면서 소유구조에 관한 관심이 증대되고 있다. 그러나 궁극적으로 소유구조는 통제의 문제와 본질적 관련을 가지며, 통제는 기업의 조직, 구조 및 행동과 관련되는 영역이라는 관점에서 볼 때, 소유구조의 결정요인에 관한 체계석 고찰은 기업이론, 기업의 존재근거와 내부구조를 다루는 이론에 기초하여, 현대기업에 있어서의 기업가치의 영역 및 범주의 진전을 고려, 통합적으로 다루어져야 한다고 본다.

선행연구결과에 의하면 한국기업은 빈약한 자본으로 출발하여 1970년대 이후 급속한 발전을 이루게 되었으며, 자본규모 또한 상당한 성장을 이룩하였다. 즉 많은 기업들이 기업을 공개함으로써 자본의 대중화가 시작되었으며, 이로 인하여 기업의 소유구조 또한 변화하여 왔다.

이러한 소유구조 변화는 기업의 형성·발전과 밀접하게 관련되는데, 우리나라 기업의 형성시기는 학자마다 약간씩 다르긴 하지만 선행연구와 기타 정치·경제여건으로 보아 1950년대에 근대적인 기업체계를 갖추었다고 볼 수 있다. 그러므로 우리나라 기업은 1990년대 초까지 약 40년의 역사를 갖는데 이는 일본의 90여 년, 미국의 110여 년의 역사와 비교해

---

57) Demsetz, Harold and Lehn, Kenneth, ibid., pp.1155-1177.
58) Jensen, M. C. and Warner, J. B., "Theory of Firm: Managerial Behavior Agency Costs, and Ownership Structure", Journal of Financial Economics, 1976.

볼 때 매우 짧다.[59)]

이와 같이 미국이나 일본 등에 비하여 기업의 역사가 짧고, 자본주의의 경험이 짧은 우리나라 상장기업의 소유구조는, 제3장에서의 연구결과를 통하여 알 수 있듯이 대주주 또는 주요주주에게 집중되어 있다. 따라서 본 장에서는 대리인이론(Agency Theary)의 관점에 입각하여 우리나라 상장기업의 소유구조의 결정요인을 알아보고, 소유구조가 재무적 의사결정 및 기업가치에 미치는 영향을 알아보고자 한다.

Ⅰ. 가 설

지분율과 부채비율과의 관계에 대한 기존의 재무이론 및 연구결과에 따른 사전적인 예측은 다음과 같다.

Kim-Sorensen(1986)은 기업이 사채발행을 통하여 외부자금을 조달할 경우 채권자들은 사채계약서 등을 통한 계약을 맺음으로써 부채의 대리인문제를 해결하려 한다. 이때 경영자의 지분율이 높을수록 채권자 보호계약의 이행이 보다 효과적으로 이행될 수 있으므로, 주주와 채권자간의 도덕적 위해로 인한 대리인문제를 쉽게 해결할 수 있으며, 기존의 주식을 부채로 전환시키거나 부채로 자금을 조달하게 되면 경영자가 임의로 사용할 수 있는 미래현금흐름을 감소시킬 수 있기 때문에 대리인비용은 감소한다는 것이다. Myers(1984)의 연구결과에 의하면, 주식을 발행하여 외부자금을 조달할 경우 경영자가 높은 수준의 지분율을 유지하고자 하는 경우 신주인수에 따른 자금부담이 막중하다. 따라서 경영자의 지분율

---

59) 김건우, "상장회사 전문경영체제의 확립에 관한연구", 한국상장회사협의회, 1992.11, pp.38-40.

이 높은 기업일수록 주식발행을 통한 외부자금조달보다는 부채발행을 통한 자본조달을 선호한다고 주장하였다.

Leland-Pyle(1977)의 연구결과에 의하면, 정보비대칭하의 자본시장에서 경영자의 지분율은 투자자들이 투자안의 질을 평가할 수 있는 신호(Signal)의 역할을 하며, 지분율이 높을수록 부채수용능력(Debt Capacity)은 증가한다고 주장하고 있다.

본 연구에서는 우리나라 상장기업의 대주주지분율이 자본조달에 미치는 영향을 알아보기 위하여 다음과 같은 가설을 설정하였다.

가설1: 부채비율은 대주주지분율과 관계가 없다.

지분율과 배당성향과의 관계에 대한 기존의 재무이론 및 연구결과에 따른 사전적인 예측은 다음과 같다.

Rozeff(1982)의 연구결과에 의하면 배당을 지급하는 이유 중의 하나는 투자자들로부터의 불신을 해소하기 위한 것인데, 소유경영자의 지분율이 높을수록 자신의 사적만족을 위한 기업자금의 개인적 소비가 억제될 것이므로, 투자자들로부터의 불신이 적을 것이고 결과적으로 배당지급의 동기도 줄어든다는 것이다.

또한 배당지급이 높을수록 사내유보액의 감소로 인하여 외부자금조달의 필요성은 더욱 커진다. 외부자금의 조달을 위해서는 관련기관에 유가증권신고서와 사업설명서등을 제출하게 되므로 외부의 감시범위가 확대되고 경영자의 횡포로 인한 주주이익의 가능성은 줄어들기 때문에 대주주지분율이 높을수록 배당성향은 줄어들 것이다.

본 연구에서는 우리나라 상장기업의 대주주지분율이 배당에 미치는 영향을 알아보기 위하여 다음과 같은 가설을 설정하였다.

가설2: 배당성향은 대주주지분율과 관계가 없다.

　　지분율과 기업가치에 대한 기존의 재무이론 및 연구결과에 따른 사전적인 예측은 다음과 같다.

　　Berle-Means(1932)와 Jensen-Meckling(1976)의 고전적 대리인이론에 의하면, 경영자의 지분이 증가할수록 주주와의 이해상충부분이 적어지므로 지분의 대리인비용은 감소하고 기업가치는 증가한다는 것이다. Leland-Pyle(1977)의 신호이론에 의하면, 경영자의 지분율은 기업가치가 낮은 경영자가 흉내내기엔 비용이 들기 때문에 신호도구로서 유용성이 높다. 따라서 경영자의 지분율이 높을수록 기업가치는 높다는 것이다. Morck-Shleifer-Vishny(1988)의 연구에 의하면, 소유경영자가 주주총회나 이사회의 의사결정에 영향을 미칠 수 있는 정도의 지분율을 보유하고 있으면, 경영자가 자신의 보수나, 자동차, 사무실 사용, 경영활동과 관련된 경비사용 등에 사적소비동기를 충족시킬 가능성이 많아 기업가치는 하락하게 된다고 한다. 하지만 이러한 동기는 자신의 지분율이 높아질수록 점차 감소하기 시작하여 일정한 지분율 이상에서는 관찰할 수 없을 것이라고 주장하고 있다. 또한 Stulz(1988)에 의하면, 경영자의 지분율이 높아지면 기업인수자가 경영권을 획득하기 위해서 지급할 프레미엄이 상승하게 되므로, 기업 간의 인수시장이 활성화 되면 인수대상기업들의 사전적 가치가 상승하게 된다. 그러나 경영자의 지분이 너무 올라가면 기업이 인수될 가능성은 희박해지고 기업의 사전적 가치에 인수프리미엄은 반영되지 않는다. 그 결과 경영자의 지분이 상승하면서 기업가치는 상승하나 소유지분이 50%기 되기 진에 감소하기 시작할 것이라고 수장하고 있다.

　　본 연구에서는 우리나라 상장기업의 대주주지분율이 기업가치에 미치는 영향을 알아보기 위하여 다음과 같은 가설을 설정하였다.

가설3: 기업가치는 대주주지분율과 관계가 없다.

Ⅱ. 자료 및 분석방법

1. 자 료

본 장에서는 금융업을 제외시킨 175개 우리나라 상장기업을 대상으로 가설검증을 실시한다. 하지만 규제정도와 소유구조 집중정도와의 관계는, 대주주의 주식소유한도를 8%로 제한하는 등 정부의 규제성노가 상대석으로 심한 금융업을 포함한 191개 상장기업을 대상으로 한다.

또한 제조업과 비제조업 간, 10대 그리고 30대 재벌기업과 비재벌기업 간, 대주주지분율 20%와 30%를 기준으로 한 경영자지배기업과 소유자지배기업 간 소유집중정도, 부채비율, 배당성향, 기업가치의 유의적인 차이를 검증한다.

실증분석에 필요한 변수는 다음과 같이 정의하고 처리하였다.

본 연구에서는 기업가치의 대용변수로서 시장가치 변수인 주식투자수익률과 회계적 변수인 총자본순이익률을 이용하고 있다.

(표 4-1) 변수의 선정 및 처리

	변 수 명	출 처	산 출 방 식
재무적 요인	(TCNR) 총자본순이익률(%)	상장1	(당기순이익/총자본)100 87~93년도 평균
	(GRS) 매출액성장률(%)	상장1	[(매출액t - 매출액t-1) / 매출액t-1]100 87~93 평균
	(LN) 기업규모	상장1	ln(총자산), 87~93년도 평균
	(FDR) 고정부채비율(%)	상장1	(고정부채/자기자본)100 87~93년도 평 균
	(PPR) 자산특유성(%)	상장1	(유형고정자산/총자산)100, 87~93년도 평균
	(RD) 투자비율(%)	상장1	연구개발투자비율, 87~93년도 평균
	(RR) 내부유보정도(%)	동서	유보율, 87~92년도 평균
	(DRR) 부채비율(%)	상장1	(부채/자기자본)100 87~93년도 평균
	(NIS) 매출액순이익률(%)	상장1	(당기순이익/매출액)100 87~93년도 평균
비재무적 요인	(S1) 대주주지분율(%)	상장1	특수관계인을 포함한 87~93년도 평균
	(SS1)		대주주지분율을 제곱한 값의 평균
	(PI) (S1-32.5)D		(S1-32.5)D, 대주주지분율에서 전환점[60] 을 차감한 값에 대하여 더미변수 (S1>32.5이면1 S1<32.5이면0)를 곱한 값
	(CS) 주요주주 지분율(%)	상장2	지분율5% 이상인 주주들의 93년도 자료
	(PR) 배당성향(%)	상장1	(주당배당금/주당이익)100 87~93년도 평균
	(SIR) 주식투자수익률(%)	동서	전년도말에 매입하여 당해년도말에 매도한 것으로 가정한 년간수익률(%)의 87~93 년도 평균
	(TSN) 총주주수	상장1	1993년도 총주주수
	(BETA) 기업의 위험정도	동서	β계수 87~92년도 평균
	(SD) 기업의 위험정도		주식투자 수익률의 표준편차, 87~93년도 평균
	(DVF) 규제정도	상장1	금융업에 속하면 1(dummy), 1993년
	(EHL) 기업역사	상장1	상장경과기간(1993-상장년도)
	(DVM) 경영·통제의 분리2	상장2	대주주와 대표이사명의가 일치시0 1993년도
	(WCI) 무상증자회수	상장1	1977년부터 1993년까지의 합
	(DS) 경영·통제의 분리	상장2	이사진에 참여하고 있는 대주주수, 1993년도

주: 상장1: 상장회사총감, 상장회사협의회
상장2: 상장회사협의회 데이타베이스
동서 : 상장기업재무분석, 동서경제연구소

2. 분석방법

본장에서는 독립변수와 종속변수간의 상관관계 정도를 알아보고, 독립 변수들 간의 다중공선성문제를 피하기 위하여 상관관계분석을 한 후, 회 귀분석을 통하여 가설검증을 실시한다.

소유구조 결정요인을 알아보기 위한 회귀모형은 다음과 같다.

$$S1 = \beta_0 + \beta_1 LN + e_i$$

$$S1 = \beta_0 + \beta_1 DVF + e_i$$

$$S1 = \beta_0 + \beta_1 EHL + e_i$$

$$S1 = \beta_0 + \beta_1 DS + e_i$$

$$S1 = \beta_0 + \beta_1 BETA + e_i$$

$$S1 = \beta_0 + \beta_1 LN + \beta_2 EHL + \beta_3 DS + \beta_4 BETA + e_i$$

$$\beta_1 \langle 0 \quad \beta_2 \langle 0 \quad \beta_3 \rangle 0 \quad \beta_4 \langle 0$$

여기에서, S1　　 : 대주주지분율

　　　　 LN　　 : log(자본금총액)

　　　　 EHL　 : 상장 이후의 사업년수

　　　　 DS　　 : 이사진에 참여하고 있는 대주주수

　　　　 BETA : 기업의 위험정도(체계적 위험)

---

60) 대주주지분율과 기업가치 간의 관계는 (그림 4-1)과 (그림 4-2)에서 보여 주고 있는 바와 같이, 대주주지분율 32.5%를 기준으로 증가(감소)하다가 감소(증가)하는 곡선의 관계를 보여 주었기 때문에, 본 연구에서는 대주주 지분율 32.5%를 전환점으로 이용하였다.

또한 제조업·비제조업 간, 재벌기업과 비재벌기업 간, 경영자지배기업과 소유자지배기업 간 대주주지분율, 주요주주지분율 그리고 허핀달지수의 평균값 차이에 대한 유의성 검증을 위하여 T-test를 실시한다.

소유구조가 부채비율에 미치는 영향을 알아보기 위한 회귀모형은 다음과 같다.

$$DRR = \beta_0 + \beta_1 S1 + e_i$$

$$DRR = \beta_0 + \beta_1 S1 + \beta_2 WCI + \beta_3 BETA + e_i$$

$$DRR = \beta_0 + \beta_1 GRS + \beta_2 LN + e_i$$

$$DRR = \beta_0 + \beta_1 S1 + \beta_2 WCI + \beta_3 BETA + \beta_4 GRS + \beta_5 LN + e_i$$

$$\beta_1 > 0 \quad \beta_2 < 0 \quad \beta_3 > 0 \quad \beta_4 > 0 \quad \beta_5 > 0$$

여기에서, DRR　：부채비율

S1　：대주주지분율

WCI　：무상증자회수

BETA：기업의 위험정도(체계적 위험)

GRS　：매출액성장률

LN　：log(자본금총액)

가설1의 추가적인 검증을 위하여 대주주지분율 20%와 30%를 기준으로 각각 두개의 기업집단으로 분류하고, 경영자지배기업(MCF)과 소유자지배기업(OCF) 간 부채비율의 유의적인 차이를 검증한다. 아울러 제조업·비제조업 간, 재벌기업과 비재벌기업 간, 부채비율의 유의적 차이를 검증하기 위하여 T-test를 실시한다.

소유구조가 배당성향에 미치는 영향을 알아보기 위한 회귀모형은 다음과 같다.

$$PR = \beta_0 + \beta_1 S1 + e_i$$

$$PR = \beta_0 + \beta_1 S1 + \beta_2 BETA + e_i$$

$$PR = \beta_0 + \beta_1 GRS + \beta_2 LN + \beta_3 FDR + e_i$$

$$PR = \beta_0 + \beta_1 S1 + \beta_2 BETA + \beta_3 GRS + \beta_4 LN + \beta_5 FDR + e_i$$

$$\beta_1 \langle 0 \quad \beta_2 \langle 0 \quad \beta_3 \langle 0 \quad \beta_4 \langle 0 \quad \beta_5 \langle 0$$

여기에서, PR　　：배당성향

　　　　　　S1　　：대주주지분율

　　　　　　BETA：기업의 위험정도(체계적 위험)

　　　　　　GRS　：매출액성장률

　　　　　　LN　　：log(자본금총액)

　　　　　　FDR　：고정부채비율

　가설2의 추가적인 검증을 위하여 경영자지배기업과 소유자지배기업 간 배당성향에 대한 유의적인 차이를 검증하며, 각 집단 간 배당성향에 대한 유의적 차이를 검증하기 위하여 T-test를 실시한다.

　소유집중정도가 기업가치에 어떠한 영향을 미치는가를 분석하기 위한 회귀모형은 다음과 같다.

$$SIR = \beta_0 + \beta_1 S1 + \beta_2 SS1 + e_i$$

$$SIR = \beta_0 + \beta_1 S1 + \beta_2 SS1 + \beta_3 DVM + \beta_4 BETA + \beta_5 GRS + \beta_6 RD + \beta_7 DRR + e_i$$

$$TCNR = \beta_0 + \beta_1 S1 + \beta_2 SS1 + e_i$$

$$TCNR = \beta_0 + \beta_1 S1 + \beta_2 SS1 + \beta_3 DVM + \beta_4 BETA + \beta_5 GRS + \beta_6 RD$$
$$+ \beta_7 DRR + e_i$$

　소유집중정도와 기업가치 간의 비선형관계를 검증하기 위하여 구간선형회귀모형(Piecewise-Linear Regression Model)을 이용하였으며, 그 모형은 다음과 같다.

$$SIR = \beta_0 + \beta_1 S1 + \beta_2 PI + e_i$$

$$SIR = \beta_0 + \beta_1 S1 + \beta_2 PI + \beta_3 DVM + \beta_4 BETA + \beta_5 GRS + \beta_6 RD + \beta_7 DRR + e_i$$

$$TCNR = \beta_0 + \beta_1 S1 + \beta_2 PI + e_i$$

$$TCNR = \beta_0 + \beta_1 S1 + \beta_2 PI + \beta_3 DVM + \beta_4 BETA + \beta_5 GRS + \beta_6 RD + \beta_7 DRR + e_i$$

$$\beta_1 > 0 \quad \beta_3 > 0 \quad \beta_4 < 0 \quad \beta_5 > 0 \quad \beta_6 > 0 \quad \beta_7 < 0$$

여기에서, SIR   :주식투자수익률

TCNR : 총자본순이익률

S1   : 대주주지분율

SS1   : 대주주지분율의 제곱값

PI   : (S1-32.5)D, (S1>32.5이면 1, S1<32.5이면 0)를 곱한 값

DVM : 대주주와 대표이사의 일치여부에 관한 더미변수

BETA : 기업의 위험정도(체계적 위험)

GRS : 매출액성장률

RD   : 연구개발투자비율

DRR : 부채비율

가설3의 추가적인 검증을 위하여 경영자지배기업과 소유자지배기업 간 기업가치의 차이에 대한 유의성을 검증하며, 아울러 각 집단 간 주식투자수익률과 총자본순이익률에 대한 유의적 차이가 존재하는 가를 검증하기 위하여 T-test를 실시한다.

Ⅲ. 분석결과

1. 소유구조 결정요인

(1) 소유구조 결정요인 분석

기존의 실증연구와 마찬가지로 여기서는 대주주지분율을 종속변수로 하고, 소유구조의 결정요인으로 제시된 변수들을 독립변수로 하는 회귀분석을 실시한다. 이러한 경우 먼저 변수들 간의 상관관계를 파악해 보아야 하는데, (표 4-2)에서 보여주는 바와 같이 유형고정자산비율(PPR)과 연구개발투자비율(RD)은 다중공선성의 문제 또는 종속변수와의 상관계수값이 낮아서 회귀분석에서는 제외시킨다.

(표 4-2) 변수들 간의 상관계수

구 분	LN	PPR	EHL	DS	BETA	RD	S1
LN	1.000						
PPR	0.031	1.000					
EHL	0.125	0.148	1.000				
DS	-0.167	0.234**	-0.205*	1.000			
BETA	0.253**	-0.499**	-0.117	-0.242**	1.000		
RD	0.156	0.026	-0.020	0.157	-0.024	1.000	
S1	-0.331**	0.147	-0.143	0.340**	-0.210*	-0.003	1.000

유의수준: *=0.01, **=0.001
LN　　: log(자본금총액)
PPR　: (유형고정자산/총자산)100
EHL　: 상장 이후의 사업년수
DS　　: 이사진에 참여하고 있는 대주주수
BETA: 기업의 위험정도(체계적 위험)
RD　　: 연구개발투자비율
S1　　: 대주주지분율

(표 4-3)은 소유집중정도의 대용변수인 대주주지분율(S1)과 소유구조 결정요인간의 관계를 회귀분석한 결과이다. 동표에 나타난 바와 같이, 기업의 규모(LN)와 대주주지분율과는 유의수준 0.01에서 유의적이며 부(-)의 관계를 보이고 있다. 이는 이론상 기대된 부호로서 기업의 규모가 커짐에 따라 일정한 지분율을 계속 유지하는 데 따른 자금부담의 증가와, 주식의 분산으로 인하여 일정한 통제를 유지하는 데 필요한 지분율의 감소에 기인된 것으로 볼 수 있다. 따라서 우리나라 기업은 기업의 규모가 커질수록 대주주의 소유지분 집중정도가 감소함을 알 수 있으며, 소유구조가 분산된다는 것을 알 수 있다.

규제의 정도(DVF)와 대주주지분율과의 관계는 규제정도가 상대적으로 심할 것으로 예상되는 금융업종을 포함시킨 191개 우리나라 상장기업을 대상으로 분석을 수행하였다. 그 결과 통계적으로 유의한 부(-)의 관계를 보임으로써, 체계적인 규제가 심할수록 대주주의 통제로 인한 이득이 감소하기 때문에 대주주지분율이 낮아진다는 것을 알 수 있다.

상장경과기간(EHL)과 대주주지분율과의 관계는 통계적으로 유의한 경우가 발견되지 않아, 우리나라 상장기업의 경우 상장경과기간과 소유집중정도와는 유의한 관계가 존재하지 않는다고 결론지을 수 있다.

이 사진에 참여하고 있는 대주주의 수(DS)와 대주주지분율과의 관계는 (표 4-3)에서 볼 수 있듯이, 통계적으로 유의한 정(+)의 관계를 보이고 있다. 이는 이사진에 참여하는 대주주의 수가 많을수록 경영·통제기능의 전문화정도가 낮으며, 대주주지분율은 높아진다는 것을 의미한다. 하지만 주요주주지분율과의 관계에서는 통계적으로 유의한 부(-)의 관계를 보이고 있는데, 이는 대주주1인에 포함되지 않은 주요주주는 결국 위험만을 부담하게 되기 때문에 이사진에 포함된 대주주의 수가 많을수록 주요주주의 지분율은 감소한다는 것을 알 수 있다.[61]

<표 4-3> 대주주지분율에 대한 회귀분석 결과

구 분	1	3	2	3	4	5
LN	-4.941E-6 (-4.628)a					-3.819E-6 (-3.567)a
DVF		-14.803 (-5.646)a				
EHL			-0.396 (-1.913)			-0.188 (-0.955)
DS				2.709 (4.770)a		2.081 (3.590)a
BETA					-8.168 (-2.835)a	-3.499 (-1.221)
상수	25.317 (29.855)a	23.402 (30.782)a	30.693 (7.885)a	18.349 (14.231)a	29.513 (12.889)a	27.096 (5.419)a
결정계수	0.110	0.153	0.020	0.116	0.044	0.203
F 값	21.422	31.761	3.660	22.755	8.036	10.847
유의수준	0.000	0.001	0.057	0.000	0.005	0.000
표본수	175	191	175	175	175	175

a: α=0.01, b: α=0.05, c: α=0.1, ( )는 t값
LN   : log(자본금총액)
DVF : 규제정도
EHL : 상장 이후의 사업년수
DS   : 이사진에 참여하고 있는 대주주수
BETA: 기업의 위험정도(체계적 위험)

기업의 위험정도(BETA)와 대주주지분율과의 관계는 선행연구에 의하면 두 가지 해석이 가능하다. 즉 하나는 Fama-Jensen의 견해로서[62], 위험이 높은 기업일수록 주식분산의 필요성을 증가시키기 때문에 대주주지분율은 감소한다는 것이다. 다른 하나는 Demsetz-Lehn의 견해로서 기업환경이 불안정할수록 기업의 통제가능성(Firm's Control potential)을

---

61) 본 연구에서는 소유구조 결정요인을 보다 더 자세히 분석하기 위하여, 주요주주 지분율에 관한 결정요인을 알아보았지만, 그 결과표는 제시하지 않고 있다.
62) Fama, E. F. and Jensen, M. C., op. cit., pp.301-325.

강화시키기 위해서는 소유집중정도를 증가시켜야 한다는 견해이다[63]. 하지만 (표 4-3)에 나타난 연구결과에 의하면, 다른 변수들을 통제시킨 경우는 부(-)의 관계 속에서 유의성이 인정되고 있지만, 다른 변수들을 포함시킨 경우는 유의성이 발견되지 못하고 있다. 또한 위험변수로서 주식투자수익률의 표준편차(SD)를 이용한 경우 전혀 유의성이 발견되지 않아 본 연구에서 제외시켰다. 따라서 위험정도는 다른 요인에 비하여 전체표본기업의 대주주지분율에 미치는 영향이 낮다는 것을 알 수 있다. 하지만 주요주주지분율과는 부(-)의 관계 속에서 높은 유의도를 보이고 있는데, 이는 Fama-Jensen의 견해로 해석 할 수 있다.

(2) 집단 간 소유집중정도의 차이분석

주식소유집중정도의 대용변수인 대주주지분율, 주요주주지분율, 허핀달지수에 대한 T-test 결과는 다음과 같다.

(표 4-4) 제조업과 비제조업 간 T-test 결과

대주주지분율: (단위: %)

구 분	평 균	표준편차	T-Value	F-Value	표본수
제조업	24.12	10.24	-1.56	1.04	130
비 제조업	21.33	10.46	(0.12)	(0.84)	45

주요주주지분율:

구 분	평 균	표준편차	T-Value	F-Value	표본수
제조업	36.09	19.49	1.13	1.17	130
비 제조업	32.35	18.01	(0.26)	(0.56)	45

---

63) Demsets, Harold and Lehn, Kenneth, op. cit., pp.1155-1177.

허핀달지수:

구 분	평 균	표준편차	T-Value	F-Value	표본수
제조업	619.08	708.96	2.83 (0.01)	4.66 (0.00)	130
비 제조업	395.10	328.42			45

주:( )는 유의수준

(표 4-5) 재벌기업과 비재벌기업 간 T-test 결과

대주주지분율:　　　　　　　　　　　　　　　　　　　　　　　　（단위: %）

구 분		평 균	표준편차	T-Value	F-Value	표본수
10 대	재 벌	16.59	7.86	-4.87 (0.00)	1.68 (0.70)	38
	비재벌	25.28	10.17			137
30 대	재 벌	19.16	9.06	-4.32 (0.00)	1.29 (0.27)	64
	비재벌	25.84	10.28			111

주요주주지분율:

구 분		평 균	표준편차	T-Value	F-Value	표본수
10 대	재 벌	32.43	16.80	-0.98 (0.33)	1.38 (0.26)	38
	비재벌	35.87	19.73			137
30 대	재 벌	34.54	19.37	-0.31 (0.76)	1.03 (0.88)	64
	비재벌	35.46	19.08			111

허핀달지수:

구 분		평 균	표준편차	T-Value	F-Value	표본수
10 대	재 벌	454.99	560.55	-1.16 (0.25)	1.38 (0.25)	38
	비재벌	591.02	659.13			137
30 대	재 벌	539.14	711.60	-0.35 (0.73)	1.42 (0.11)	64
	비재벌	574.37	597.80			111

주: ( )는 유의수준

(표 4-6) MCF와 OCF 간 T-test 결과

주요주주지분율:

(단위: %)

구 분		평 균	표준편차	T-test	F-test	표본수
20%	MCF	25.77	14.29	6.17	1.85	71
	OCF	41.51	19.45	(0.00)	(0.01)	104
30%	MCF	31.76	17.61	4.00	1.33	128
	OCF	44.29	20.29	(0.00)	(0.22)	47

허핀달지수:

구 분		평 균	표준편차	T-test	F-test	표본수
20%	MCF	292.70	406.17	5.37	3.01	71
	OCF	744.99	704.23	(0.00)	(0.00)	104
30%	MCF	462.64	568.70	3.07	1.72	128
	OCF	830.69	744.99	(0.00)	(0.02)	47

주: ( )는 유의수준

대주주지분율의 경우, 재벌기업과 비재벌기업 간에 유의적 차이가 발견되며, 주요주주지분율의 경우에는 경영자지배기업과 소유자지배기업 간에서만 유의적 차이가 발견되고 있다. 또한 허핀달지수의 경우에는 제조업과 비제조업 간, 경영자지배기업(MCF)과 소유자지배기업(OCF) 간에 유의적 차이가 인정되고 있다. 이러한 연구결과는 재벌기업보다는 비재벌기업의 지분율이 대주주에게 집중되어 있다는 것을 의미하는데, 그 이유는 30대 재벌기업 집단에게 적용되는 공정거래법[64]의 영향 때문으

---

64) 제9조 [상호출자의금지]에 의하면 일정규모 이상의 자산총액 증 대통령령이 정하는 기준에 해당하는 기업집단에 속하는 회사는 자기의 주식을 취득 또는 소유하고 있는 계열회사의 주식을 취득 또는 소유하여서는 아니된다. 또한 제10조 [출자총액의 제한]에 의하면 대규모기업집단에 속하는

로 해석된다. 또한 소유자지배기업이 경영자지배기업보다 주요주주에게 지분율이 집중되어 있다는 결론을 얻을 수 있다.

2. 소유구조와 자본조달

(1) 자본구조 결정요인 분석

기존의 실증연구와 마찬가지로 여기서는 부채비율을 종속변수로 하고, 자본구조의 설명요인으로 제시된 변수들을 독립변수로 하는 회귀분석을 실시한다. 이러한 경우 먼저 변수들 간의 상관관계를 파악해 보아야 하는데, (표 4-7)에서 보여주는 바와 같이 유형고정자산비율(PPR)과 총주주수(TSN)는 다중공선성의 문제 또는 종속변수와의 상관계수값이 낮아서 회귀분석에서 제외시킨다.

회사는 취득 또는 소유하고 있는 다른 국내회사주식의 장부가격의 합계액이 당해 회사 순자산액에 100분의 40을 곱한 금액을 초과하여서는 아니된다라고 규정하고 있다.

(표 4-7) 변수들 간의 상관계수

구 분	S1	GRS	TSN	PPR	LN	WCI	DRR	BETA
S1	1.000							
GRS	-0.111	1.000						
TSN	-0.383**	0.153	1.000					
PPR	0.154	0.038	-0.084	1.000				
LN	-0.330**	0.188*	0.767**	0.029	1.000			
WCI	-0.117	-0.104	0.152	0.052	0.115	1.000		
DRR	0.053	0.069	0.025	-0.159	0.064	-0.199*	1.000	
BETA	-0.219*	0.155	0.352**	-0.496**	0.256**	-0.123	0.246**	1.000

유의수준: *=0.01, **=0.001
S1　　 : 대주주지분율
GRS　 : 매출액성장률
TSN　 : 총주주수
PPR　 : (유형고정자산/총자산)100
LN　　 : log(자본금총액)
WCI　 : 무상증자회수
DRR　 : 부채비율
BETA : 기업의 위험정도(체계적 위험)

　(표 4-8)은 부채비율(DRR)과 자본구조 결정요인들과의 관계를 알아
보기 위한 회귀분석 결과이다. 대주주지분율(S1)과 부채비율과의 관계는
(표 4-8)에 나타난 바와 같이 모든 모형에서 통계적으로 유의한 경우가
전혀 발견되지 못하고 있다. 따라서 우리나라 상장기업의 경우 소유집중
정도는 부채비율에 영향을 미치지 않는다고 결론지을 수 있으며, 부채의
존도는 경영자의 경영권 방어수단으로 활용되고 있지 못하다는 것을 알
수 있다. 마찬가지로 주요주주지분율과의 관계에서도 전혀 유의성이 발
견되지않았다. 결국 가설1은 채택된다. 하지만 제조업의 경우에는 지분율
이 부채비율, 고정부채비율과의 관계에서 통계적으로 유의한 정(+)의
관계를 보여 주었다.[65] 따라서 제조업의 경우 대주주지분율이 높은 기업

일수록 부채의존도가 높다고 결론지을 수 있다. 부채의존도의 대용변수인 부채비율과 다른 요인들과의 관계는 다음과 같다.

무상증자회수(WCI)와의 관계는 부(-)의 관계 속에서 통계적으로 유의성이 발견되고 있다. 따라서 우리나라 상장기업의 경우 무상증자회수가 많을수록 부채비율이 낮다고 결론지을 수 있다.

(표 4-8) 부채비율에 대한 회귀분석 결과

구 분	1	2	3	4
S1	2.456 (0.689)	3.996 (1.131)		4.830 (1.306)
WCI		-37.516 (-2.158)b		-38.385 (-2.168)b
BETA		442.872 (3.231)a		417.493 (2.956)a
GRS			2.143 (0.776)	0.788 (0.293)
LN			3.736E-5 (0.689)	3.878E-5 (0.689)
상수	291.739 (3.199)a	22.036 (0.134)	303.294 (5.438)a	-2.844 (-0.017)
결정계수	0.002	0.095	0.007	0.099
F 값	0.474	6.041	0.664	3.723
유의수준	0.492	0.000	0.515	0.003
표본수	175	175	175	175

a: $\alpha=0.01$, b: $\alpha=0.05$, c: $\alpha=0.1$, ( )는 t값
S1　　 : 대주주지분율
WCI　 : 무상증자회수
BETA : 기업의 위험정도(체계적 위험)
GRS　 : 매출액성장률
LN　　 : log(자본금총액)

---

65) 본 연구에서는 소유구조가 자본조달과 배당에 미치는 영향을 보다 더 상세히 분석하기 위하여 제조업과 비제조업, 10대 그리고 30대 재벌기업과 비재벌기업, 대주주지분율 20%와 30% 기준에 의한 경영자지배기업과 소유자지배기업 각각에 대하여 자본구조 결정요인과 배당결정요인을 알아보았지만, 본 연구에서 그 결과표는 제시하지 않고 있다.

위험정도(BETA)와 부채비율과의 관계에 대한 연구결과에 의하면 위험이 높은 기업일수록 부채를 많이 이용하는 것으로 나타나고 있다. 이는 우리나라 상장기업을 대상으로 한 신동령의 연구결과[66]와 동일한 결과를 보여 주었다.

매출액성장률(GRS)과 부채비율과의 관계는 통계적인 유의성이 발견되지 않아, 우리나라 기업의 경우 매출액성장률과 부채의존도와는 유의한 관계가 없는 것으로 나타났다. 총자산의 규모(LN)와 부채비율과의 관계는 규모가 큰 기업일수록 파산의 위험이 적고 부채수용능력이 크다고 볼 수 있으며, 특히 자금의 초과수요상태에 있는 우리나라 자본시장 상황하에서 대기업을 중심으로 한 정부의 저금리정책으로 인하여 규모가 큰 기업일수록 부채비율이 높을 것으로 예상했으나, 모든 모형에서 정(＋)의 관계를 보이고 있지만 통계적으로 유의성이 발견되지 못하고 있다.

(2) 집단 간 자본구조 차이분석

가설1의 추가적 검증을 위한 경영자지배기업(MCF)과 소유자지배기업(OCF) 간 T-test 결과는 유의적인 차이가 없는 것으로 나타나고 있지만, 부채의존도의 평균값은 소유자지배기업이 경영자지배기업에 비하여 높다는 것을 알 수 있다.

재벌·비재벌기업 간, 제조업과 비제조업 간 부채의존도의 대용변수인 부채비율에 대한 T-test 결과는 재벌·비재벌기업 간에 통계적으로 유의한 차이가 발견되었다.

---

66) 신동령, "한국기업의 재무구조 결정요인에 관한 연구", 박사학위논문, 서울대학교 대학원, 1990.8, p.83.

(표 4-9) MCF와 OCF 간 T-test 결과

(단위: %)

구 분		평 균	표준편차	T-test	F-test	표본수
20%	MCF	355.65	332.81	-0.16	2.92	71
	OCF	344.81	568.74	(0.87)	(0.00)	104
30%	MCF	316.52	287.00	1.01	7.95	128
	OCF	438.22	808.99	(0.32)	(0.00)	47

주: ( )는 유의수준

(표 4-10) 제조업과 비제조업 간 T-test 결과

(단위: %)

구 분	평 균	표준편차	T-Value	F-Value	표본수
제조업	329.88	507.00	0.89	1.46	130
비제조업	405.05	419.08	(0.37)	(0.15)	45

주: ( )는 유의수준

이와 같은 결과에 의하면, 재벌기업의 부채비율이 비재벌기업에 비하여 월등히 높다는 것을 알 수 있는데, 그 이유는 자금의 초과수요 상태에서 대기업을 중심으로 한 정부의 低金利 政策 때문인 것으로 해석된다.

(표 4-11) 재벌기업과 비재벌기업 간 T-test 결과

(단위: %)

구 분		평 균	표준편차	T-Value	F-Value	표본수
10 대	재 벌	472.20	430.94	1.77	1.33	38
	비재벌	315.09	496.09	(0.08)	(0.32)	137
30 대	재 벌	488.37	722.56	2.36	9.22	64
	비재벌	268.97	237.99	(0.02)	(0.00)	111

주: ( )는 유의수준

3. 소유구조와 배당

(1) 배당결정요인 분석

기존의 실증연구와 마찬가지로 여기서는 배당성향을 종속변수로 하고, 배당결정요인으로 제시된 변수들을 독립변수로 하는 회귀분석을 실시한다. 이러한 경우 먼저 변수들 간의 상관관계를 파악해 보아야 하는데, (표 4-12)에서 보여주는 바와 같이 총주주수(TSN)는 다중공선성의 문제 또는 종속변수와의 상관계수값이 낮아서 회귀분석에서는 제외시킨다.

(표 4-12) 변수들 간의 상관계수

구 분	GRS	FDR	S1	TSN	LN	BETA	PR
GRS	1.000						
FDR	0.018	1.000					
S1	-0.122	0.060	1.000				
TSN	0.155	0.011	-0.383**	1.000			
LN	0.190*	0.050	-0.331**	0.767**	1.000		
BETA	0.143	0.195*	-0.210*	0.349**	0.253**	1.000	
PR	-0.161	-0.132	-0.091	0.046	0.061	0.082	1.000

유의수준: * = 0.01, ** = 0.001
GRS　：매출액성장률
FDR　：고정부채비율
S1　　：대주주지분율
TSN　：총주주수
LN　　：log(자본금총액)
BETA：기업의 위험정도(체계적 위험)
PR　　：배당성향

〈표 4-13〉은 배당성향과 배당결정요인간의 관계를 회귀분석한 결과이다. 소유집중정도의 대용변수인 대주주지분율(S1)과의 관계를 나타내는 가설2는 모든 모형에서 일관되게 부(-)의 관계를 보이고 있으나, 통계적으로 유의성이 발견되지 못하고 있다. 따라서 가설2는 채택된다. 즉 대주주지분율은 배당에 영향을 미치지 못한다고 결론지을 수 있다. 마찬가지로 주요주주지분율과의 관계에서도 전혀 통계적으로 유의한 경우가 발견되지 않았다. 하지만 대주주지분율이 20% 이상인 소유자지배기업의 경우에는 통계적으로 유의한 부(-)의 관계를 보여 주었다. 결국 대주주지분율이 20% 이상인 소유자지배기업의 경우 지분율이 높은 기업일수록 배당성향이 낮다는 것을 알 수 있다. 배당성향과 다른 요인들과의 관계는 다음과 같다.

체계적 위험(BETA)과 배당성향과의 관계는 모든 모형에서 정(+)의 관계를 보이고 있지만 통계적인 유의성은 발견되지 못하고 있다. 매출액성장률(GRS)과 배당성향과의 관계는 〈표 4-13〉에 나타난 바와 같이 모든 모형에서 통계적으로 유의한 부(-)의 관계를 보이고 있다. 따라서 성장성이 높은 기업일수록 자금수요의 증대로 인하여 배당보다는 사내유보를 선호한다는 것을 알 수 있다. 기업의 규모(LN)와 배당성향과의 관계는 모든 모형에서 정(+)의 관계를 나타내고 있으나 통계적인 유의성은 인정되지 않아 기업의 규모와 배당성향과는 유의한 관계가 없다는 것을 알 수 있다. 고정부채비율(FDR)은 모든 모형에서 부(-)의 관계를 보이고 있으며, 통계적으로 낮은 유의도를 나타내고 있다. 따라서 우리나라 기업은 부채의존도가 높은 기업일수록 이자비용의 부담으로 인하여 배당을 줄이고 사내유보를 선호한다고 볼 수 있다.

（표 4-13） 배당성향에 대한 회귀분석 결과

구 분	1	2	3	4
S1	-0.364 (-1.212)	-0.309 (-1.005)		-0.254 (-0.801)
BETA		10.121 (0.849)		17.134 (1.403)
GRS			-0.539 (-2.362)b	-0.584 (-2.550)b
LN			6.074E-6 (1.355)	3.364E-6 (0.702)
FDR			-0.014 (-1.807)c	-0.016 (-1.969)c
상수	54.413 (7.085)a	45.546 (3.513)a	53.751 (11.296)a	48.839 (3.689)a
결정계수	0.008	0.012	0.053	0.069
F 값	1.469	1.093	3.203	2.537
유의수준	0.227	0.337	0.024	0.030
표본수	175	175	175	175

a: $\alpha=0.01$, b: $\alpha=0.05$, c: $\alpha=0.1$, （ ）는 t값
S1   ： 대주주지분율
BETA： 기업의 위험정도(체계적 위험)
GRS   ： 매출액성장률
LN   ： log(자본금총액)
FDR   ： 고정부채비율

(2) 집단 간 배당성향 차이분석

가설2의 추가적 검증을 위한 경영자지배기업(MCF)과 소유자지배기업 (OCF) 간 T-test 결과는 (표 4-14)에서 볼 수 있듯이, 30% MCF와 OCF 간에만 유의적인 차이를 보여주고 있다. 따라서 대주주지분율이 30% 이상인 기업일수록 대리인비용의 감소로 인하여 배당성향은 감소한

다는 것을 알 수 있다.

(표 4-14) MCF와 OCF 간 T-test 결과

(단위: %)

구 분		평 균	표준편차	T-test	F-test	표본수
20%	MCF	44.50	23.15	0.42	4.62	71
	OCF	46.85	49.77	(0.68)	(0.00)	104
30%	MCF	49.21	43.29	-2.01	1.73	128
	OCF	36.87	32.88	(0.047)	(0.04)	47

주: ( )는 유의수준

(표 4-15) 제조업과 비제조업 간 T-test 결과

(단위: %)

구 분	평 균	표준편차	T-Value	F-Value	표본수
제조업	43.20	37.76	1.31	1.68	130
비제조업	53.67	48.92	(0.20)	(0.03)	45

주: ( )는 유의수준

(표 4-16) 재벌기업과 비재벌기업 간 T-test 결과

(단위: %)

구 분		평 균	표준편차	T-Value	F-Value	표본수
10 대	재 벌	46.00	27.42	0.02	2.59	38
	비재벌	45.86	44.15	(0.98)	(0.00)	137
30 대	재 벌	47.76	27.28	0.52	3.00	64
	비재벌	44.82	47.26	(0.60)	(0.00)	111

주: ( )는 유의수준

4. 소유구조와 기업가치

(1) 기업가치 결정요인 분석

기업가치의 대용변수인 주식투자수익률과 총자본순이익률을 종속변수로 하고, 기업가치결정요인으로 제시된 변수들을 독립변수로 하는 회귀분석을 실시한다. 이러한 경우 먼저 변수들 간의 상관관계를 파악해 보아야 하는데, (표 4-17)은 변수들 간의 상관관계행열표이다.

(표 4-17) 변수들 간의 상관계수

구 분	S1	SIR	TCNR	BETA	DRR	PI	GRS	RD	DVM
S1	1.000								
SIR	-0.107	1.000							
TCNR	0.114	-0.020	1.000						
BETA	-0.210*	0.348**	-0.439**	1.000					
DRR	0.052	0.122	-0.289**	0.244**	1.000				
PI	0.674**	-0.001	-0.073	-0.095	0.101	1.000			
GRS	-0.122	0.010	-0.077	0.143	0.070	-0.050	1.000		
RD	-0.003	-0.109	-0.028	-0.024	-0.016	0.065	-0.027	1.000	
DVM	-0.303**	0.109	-0.150	0.128	0.100	-0.152	0.190*	-0.016	1.000

유의수준: *=0.01, **=0.001
S1　　: 대주주지분율
SIR　　: 주식투자수익률
TCNR : 총자본순이익률
BETA : 기업의 위험정도(체계적 위험)
DRR　: 부채비율
PI　　: (S1-32.5)D, (S1〉32.5이면 1, S1〈32.5이면 0)를 곱한 값
GRS　: 매출액성장률
RD　　: 연구개발투자비율
DVM　: 대주주와 대표이사의 일치여부에 관한 더미변수

기업가치와 대주주지분율과의 관계가 (그림 4-1)과 (그림 4-2)에서
비선형관계의 가능성을 보여주고 있으므로 구간선형회귀(Piecewise-Linear
Regression)분석을 이용하여 두 변수 간의 관계를 알아보고자 한다.

(그림 4-1) 구간별 대주주지분율과 주식투자수익률과의 관계

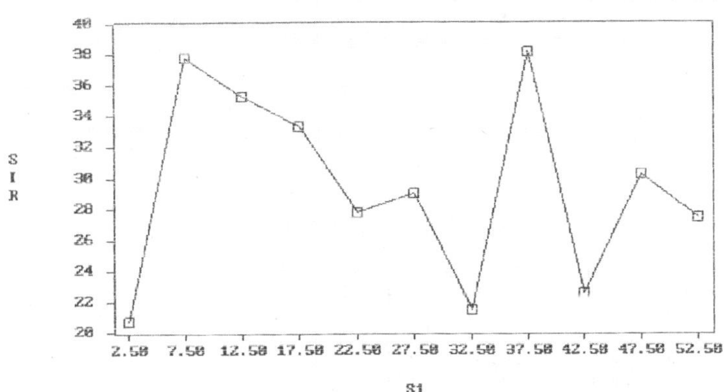

(그림 4-2) 구간별 대주주지분율과 총자본순이익률과의 관계

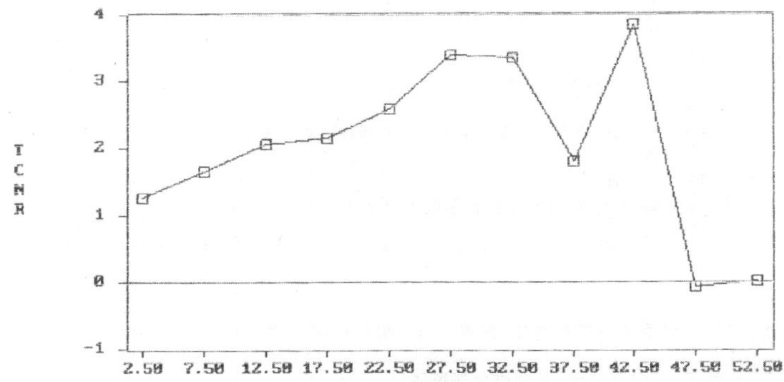

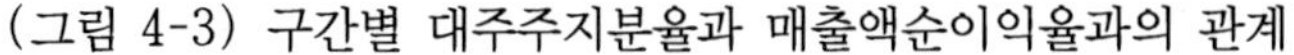

(그림 4-3) 구간별 대주주지분율과 매출액순이익율과의 관계

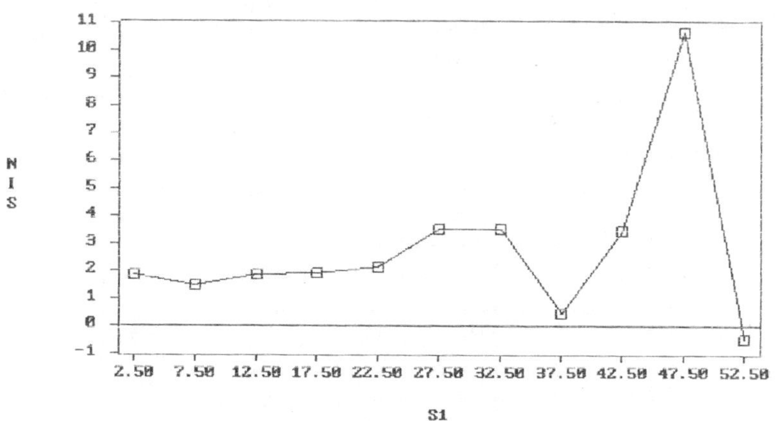

우선 전환점을 찾기 위하여 대주주의 지분율 5%를 단위로 하여 구간을 구분하였으며, 각 구간별 주식투자수익률과 총자본순이익률에 대한 평균값은 (표 4-18)에서 보여주고 있다.

(그림 4-1)을 보면, 대주주지분율이 상승하면 (7.5%-32.5%) 주식투자수익률이 감소하다가, 32.5% 이상에서는 증가하는 것으로 나타나고 있다. 한편 (그림 4-2)에 나타나고 있는 대주주지분율과 총자본순이익률과의 관계를 보면, 대주주지분율 32.5%까지는 지분율이 상승할수록 총자본순이익률도 함께 증가하지만 32.5% 이상에서는 지분율이 상승할수록 총자본순이익률이 하락한다는 것을 알 수 있다. 즉 전환점인 32.5%를 기준으로 대주주지분율과 주식투자수익률과의 관계는 아래로 볼록한 곡선의 관계임을 알 수 있으며, 대주주지분율과 총자본순이익률과의 관계는 위로 볼록한 곡선의 관계임을 알 수 있다. 하지만 추가적으로 알아 본 지분율과 매출액순이익률과의 관계는 (그림 4-3)에서 나타나고 있는 바와 같이 지분율과 총자본순이익률과의 관계인 (그림 4-2)와 거의 비슷한 곡선의 형태를 보이고 있다.

(표 4-18) 구간의 중앙값과 평균

중앙값	2.50	7.50	12.50	17.50	22.50	27.50	32.50	37.50	42.50	47.50	52.50
SIR 평균	20.75	37.78	35.29	33.38	27.76	29.02	21.50	38.14	22.57	30.29	27.49
TCNR 평균	1.26	1.66	2.07	2.16	2.57	3.40	3.36	1.81	3.84	-0.08	0.01
돗 수	1.00	17.00	25.00	28.00	27.00	33.00	21.00	12.00	7.00	3.00	1.00

SIR : 주식투자수익률
TCNR: 총자본순이익률

(표 4-19) Piecewise-Linear Regression 결과

구 분	1	2	3	4
SIR	*	*		
TCNR			*	*
S1	-0.463 (-1.897)c	-0.245 (-0.998)	0.069 (2.998)a	0.039 (1.777)c
PI	0.947 (1.260)	0.797 (1.107)	-0.196 (-2.754)a	-0.152 (-2.347)b
DVM		3.244 (0.770)		-0.361 (-0.952)
BETA		30.555 (4.289)a		-3.361 (-5.272)a
GRS		-0.108 (-0.814)		0.002 (0.170)
RD		-2.157 (-1.513)		-0.051 (-0.404)
DRR		0.001 (0.445)		-8.856E-4 (2.579)b
상수	40.436 (7.364)a	12.352 (1.342)	1.125 (2.153)b	4.861 (5.864)a
결정계수	0.021	0.146	0.054	0.261
F 값	1.799	4.094	4.986	8.459
유의수준	0.168	0.000	0.007	0.000
표본수	175	175	175	175

a: α=0.01, b: α=0.05, c: α=0.1, ( )는 t값
SIR   : 주식투자수익률
TCNR   : 총자본순이익률
S1   : 대주주지분율
PI   : (S1-32.5)D, (S1〉32.5이면 1, S1〈32.5이면 0)를 곱한 값
DVM   : 대주주와 대표이사의 일치여부에 관한 더미변수
BETA : 기업의 위험정도(체계적 위험)
GRS   : 매출액성장률
RD   : 연구개발투자비율
DRR   : 부채비율

이와 같은 결과는 주주이익침해가설(Entrenchment Hypothesis)과 주주이익합치가설(Convergence of Interest Hypothesis)로 설명이 가능하다. 즉 기업가치가 상승하는 부분은 주주와의 이익합치성향이 강하고, 기업가치가 하락하는 부분은 주주이익침해성향이 강하다고 볼 수 있다.[67]

따라서 기업가치는 지분율의 수준에 따라 달라짐을 알 수 있지만, 지분율과 시장가치변수 그리고 지분율과 회계적 변수가 서로 상반된 결과를 보이고 있는데, 이는 본 연구 기간동안 우리나라 주식시장이 급변하던 시기이고, 주가가 기업가치를 제대로 반영하고 있지 못하기 때문이라고 유추 해석할 수 있다.

(표 4-20)은 비선형관계를 검증하기 위하여 일반선형회귀모형에 대주주지분율의 제곱값에 관한 변수인 SS1을 추가해 보았다. 이 모형을 이용한 결과 비선형관계는 확인 되었다. 하지만 주식투자수익률의 경우 곡선이 우 상향으로 꺾어 올라가는 부분에 대한 유의도는 낮은 것으로 나타나고 있으며, 총자본순이익률의 경우는 유의성이 발견되어 (표 4-20)의 결과와 같다는 것을 알 수 있다.

또한 주식투자수익률과의 관계에서는 체계적위험이 통계적으로 유의한 정(+)의 관계를 보이고 있고, 총자본순이익률과의 관계에서는 체계적 위험과 부채비율이 통계적으로 유의한 부(-)의 관계를 보여 주고 있다. 이와 같은 결과에 의하면 위험과 기업가치와의 관계는 부호가 교차되고 있어 경제적 의미를 부여하기 힘들지만, 부채비율과의 관계는 다음 견해로 유추해석할 수 있다. 즉 고 수익성 기업들은 대부분의 자금을 높은 수익성의 결과인 사내유보로 조달할 수 있기 때문에 높은 부채수준을 필요로 하지 않는다는 것이다. 따라서 부채비율이 낮을수록 총자본순이익률은 높다고 볼 수 있다.

---

67) Morck, R., Shleifer, A. and Vishny, R. W., op. cit., pp.293-315.

(표 4-20) 회귀분석 결과

	1	2	3	4
SIR	*	*		
TCNR			*	*
S1	-1.201 (-1.676)c	-0.890 (-1.275)	0.17 (2.739)a	0.118 (1.878)c
SS1	0.018 (1.363)	0.016 (1.225)	-0.003 (-2.430)b	-0.002 (-1.865)c
DVM		3.218 (0.765)		-0.372 (-0.976)
BETA		30.333 (4.289)a		-3.375 (-5.262)a
GRS		-0.111 (-0.837)		0.002 (0.186)
RD		-2.217 (-1.552)		-0.051 (-0.398)
DRR		0.001 (0.405)		-8.804E-4 (-2.544)b
상수	46.476 (5.446)a	17.848 (1.558)	0.234 (0.287)	4.309 (4.149)a
결정계수	0.022	0.147	0.045	0.252
F값	1.935	4.140	4.136	8.079
유의수준	0.147	0.000	0.017	0.000
표본수	175	175	175	175

A: $\alpha=0.01$, B: $\alpha=0.05$, C: $\alpha=0.1$, ( )는 t값
SIR　　: 주식투자수익률
TCNR : 총자본순이익률
S1　　 : 대주주지분율
SS1　 : 대주주지분율의 제곱값
DVM : 대주주와 대표이사의 일치여부에 관한 더미변수
BETA: 기업의 위험정도(체계적 위험)
GRS　 : 매출액성장률
RD　　: 연구개발투자비율
DRR　: 부채비율

(2) 집단 간 기업가치 차이분석

(표 4-21) MCF와 OCF 간 T-test 결과

주식투자수익률:

(단위: %)

구 분		평 균	표준편차	T-test	F-test	표본수
20%	MCF	34.93	23.54	-1.88	1.15	71
	OCF	27.82	25.25	(0.06)	(0.53)	104
30%	MCF	32.20	22.07	-1.14	1.95	128
	OCF	26.61	30.79	(0.26)	(0.00)	47

총자본순이익률:

구 분		평 균	표준편차	T-test	F-test	표본수
20%	MCF	1.99	2.199	2.46	1.26	71
	OCF	2.88	2.468	(0.015)	(0.304)	104
30%	MCF	2.48	2.312	0.38	1.30	128
	OCF	2.63	2.637	(0.705)	(0.256)	47

주: ( )는 유의수준

가설3의 추가적 검증을 위한 경영자지배기업(MCF)과 소유자지배기업(OCF) 간 T-test 결과는, 대주주지분율 20%를 기준으로 구분한 MCF와 OCF 간에서 통계적으로 유의한 차이가 발견되었다. 즉 대주주지분율이 20% 이상인 기업의 주식투자수익률과 총자본순이익률이 대주주지분율 20% 미만인 기업에 비해 상당히 높다는 것을 알 수 있다.

(표 4-22) 제조업과 비제조업 간 T-test 결과

주식투자수익률:

(단위: %)

구 분	평 균	표준편차	T-Value	F-Value	표본수
제조업	24.58	19.08	4.93 (0.00)	2.54 (0.00)	130
비제조업	48.38	30.39			45

총자본순이익률:

구 분	평 균	표준편차	T-Value	F-Value	표본수
제조업	2.76	1.839	-2.94 (0.004)	3.29 (0.000)	130
비제조업	1.83	2.762			45

주: ( )는 유의수준

(표 4-23) 재벌기업과 비재벌기업 간 T-test 결과

주식투자수익률:

(단위: %)

구 분		평 균	표준편차	T-Value	F-Value	표본수
10 대	재 벌	29.12	24.36	-0.44 (0.66)	1.05 (0.90)	38
	비재벌	31.14	24.92			137
30 대	재 벌	31.47	25.39	0.31 (0.76)	1.08 (0.73)	64
	비재벌	30.26	24.48			111

총자본수익률:

구 분		평 균	표준편차	T-Value	F-Value	표본수
10 대	재 벌	1.69	0.947	-1.30 (0.200)	7.65 (0.000)	38
	비재벌	2.75	2.620			137
30 대	재 벌	1.68	1.468	-4.20 (0.000)	3.35 (0.000)	64
	비재벌	3.01	2.686			111

주: ( )는 유의수준

　제조업과 비제조업 간, 재벌기업과 비재벌기업 간 기업가치의 대용변수인 주식투자수익률과 총자본순이익률에 대한 T-test 결과는, 주식투자수익률의 경우 제조업과 비제조업 간에서 유의한 차이가 발견되었으며, 총자본순이익률의 경우에는 제조업과 비제조업 간, 30대 재벌기업과 비재벌기업 간에서 통계적으로 유의한 차이가 발견되었다.

Ⅳ. 요　약

　본 장에서는 주식소유집중정도의 결정요인을 알아보았으며, 집단 간 소유집중정도의 유의적인 차이가 존재하는지를 살펴보았다. 또한 주식소유의 집중정도가 기업의 부채비율, 배당성향 그리고 기업가치에 어떠한 영향을 미치는가를 살펴보기 위한 가설검증과, 집단 간의 부채비율, 배당성향 그리고 기업가치에 대한 유의적인 차이가 존재하는가를 알아보았다.

　소유구조 결정요인의 분석결과는 다음과 같다.

　전체표본기업의 경우 규모가 큰 기업일수록 대주주지분율은 감소한다는 것을 보였다. 또한 규제정도가 심한 기업일수록 대주주의 선택가능한 대안과 통제로 인한 이득의 감소로 인하여 낮은 집중률을 나타냈다. 하지만 기업역사와 주식소유집중정도와는 통계적으로 유의한 관계가 발견되지 않았으며, 경영·통제의 분리정도와 所有集中程度 변수 간의 관계에서는 이사진에 참여하고 있는 대주주수가 많을수록, 경영·통제기능의 전문화 정도는 낮으며, 대주주지분율은 증가한다는 것을 보였다. 경영·통제의 분리정도를 측정하기 위하여, 이사진에 참여하는 대주주수 이외에도 주식을 전혀 소유하지 않은 이사수, 대주주와 경영자의 일치여부에 관한 더미변수 등을 이용하여 보았지만, 지분율의 집중정도를 설명하는 변수로 타당하지 못하다는 것을 알 수 있었다. 한편 위험정도는 다른 변수들을 통제시킨 경우는 높은 유의수준에서 유의성이 발견되었지만, 다른 변수들을 포함시킨 모형에서는 유의성이 발견되지 않아 소유집중정도를 설명하는 다른 변수들에 비하여 설명력이 약하다는 것을 알았다.

소유집중정도에 대한 집단 간 유의적인 차이가 존재하는지를 분석하기 위한 T-test 결과는, 10대 그리고 30대 재벌기업보다는 비재벌기업의 집중정도가 높았으며 통계적으로 유의한 차이를 보여 주었다.

소유집중정도 변수와 부채비율과의 관계인 가설1은 채택되었으며, 다른 요인들과의 관계는 다음과 같다.

무상증자회수가 많을수록 부채비율은 낮으며, 체계적위험이 높을수록 부채비율은 높다는 것을 알 수 있었다. 성장성과 기업규모에 관한 변수는 우리나라 자본구조를 설명하는 변수로 효율적이지 못했다.

가설1의 추가적인 검증을 위한 T-test 결과는, 유의적인 차이가 발견되지 못하였다. 제조업과 비제조업 간, 재벌기업과 비재벌기업 간 부채비율의 유의적인 차이에 대한 연구결과는 재벌기업과 비재벌기업 간에만 통계적으로 유의한 차이가 발견되었다.

이외에도 부채의존도의 대용변수로서 고정부채비율과 차입금의존도를 이용하여 분석한 결과는 부호가 교차되고 유의도가 낮아서 제외시켰다.

주식소유의 집중정도가 배당정책에 어떠한 영향을 미치는가를 알아보기 위한 가설2는 채택되었으며, 다른 요인들과의 관계는 다음과 같다.

체계적 위험과 기업규모는 배당성향을 설명하는 변수로 효율적이지 못하였으며, 성장성이 높은 기업일수록 많은 투자자금의 필요성으로 인하여 배당보다는 사내유보를 선호하는 것으로 나타났다. 또한 부채비율이 높은 기업일수록 이자비용의 부담으로 인하여 배당을 줄이고 사내유보를 선호한다는 것을 보였다.

집단 간배당성향의 유의적 차이에 대한 검증결과는, 대주주지분율

30% 기준에 의한 경영자지배기업(MCF)과 소유자지배기업(OCF)간에서만 통계적으로 유의한 차이가 발견되었다. 이러한 결과는 주식소유집중정도가 높은 기업일수록 대리인비용의 감소로 인하여 배당성향이 감소한다는 것을 의미하는 것이다.

주식소유집중정도가 기업가치에 어떠한 영향을 미치는가를 살펴보기 위한 가설3에 대한 검증결과, 지분율과 주식투자수익률 간의 관계는 아래로 볼록한 곡선관계를 나타내고 있으며, 지분율과 총자본순이익률 간의 관계는 위로 볼록한 곡선관계를 보여주었다. 이는 기업가치가 상승하는 부분은 주주와의 이익합치성향이 강하고, 기업가치가 하락하는 부분은 주주이익침해성향이 강하다고 볼 수 있다.

하지만 주식투자수익률의 경우 곡선이 우 상향으로 꺾어 올라가는 부분에 대한 유의도는 낮은 것으로 나타났으며, 총자본순이익률의 경우는 유의성이 발견 되었다.

또한 주식투자수익률에 대한 T-test 결과는, 제조업과 비제조업 간, 대주주지분율 20%를 기준으로 한 경영자지배기업(MCF)과 소유자지배기업(OCF) 간에서 통계적으로 유의한 차이가 발견되었으며, 총자본순이익률의 경우에는 제조업과 비제조업 간, 30대재벌기업과 비재벌기업 간에서 통계적으로 유의한 차이가 발견되었다.

제5장 결 론

우리나라 기업의 소유와 경영의 분리는, 이미 정부당국이 제7차 경제개발 5개년 계획에서 언급했듯이, 피할 수 없는 과제로 등장했으며, 경영환경이 과거와는 달리 점점 복잡해지고, 기업이해관계자들의 요구가 다양화됨에 따라, 유능한 전문경영인에 의한 공정하고 중립된 입장에서 이해관계자의 이해조정은, 소유구조에 관한 관심을 더욱 고조시키고 있다.

최근에는 1997년 1월 1일부터 시행될 증권거래법 제200조의 폐지로 인한 인수·합병의 우려로 인하여, 기업경영의 효율성 제고를 꾀하고, 경영권을 계속 유지하기 위하여 배낭 및 주주관리에도 괸심을 높여야 할 때이다.

따라서 이러한 국민경제적인 요구와, 경영환경요인의 변화로 인한 시대적 요구에 따라, 본 연구에서는 1987년부터 1993년까지 우리나라 상장기업 191개사를 대상으로 소유구조 및 재무적 특성과 소유구조 결정요인 그리고 소유구조가 자본조달, 배당 그리고 기업가치에 미치는 영향을 알아 본 결과, 다음과 같은 결론을 맺을 수 있다.

첫째, 소유구조의 특성을 알아보기 위하여, 대주주의 주식소유집중정도, 주요주주에 의한 주식소유집중정도 그리고 경영권확보를 위한 최소한의 필요지분 등 세 가지 측면에서 살펴보았는데 그 결과는 다음과 같다.

1. 대주주의 평균지분율은 금융업을 제외시킨 경우 23.40%, 금융업을 포함시킨 경우는 22.16%이었고, 주요주주의 평균 지분율은 35.13%로서 자본주의의 경험이 앞선 선진국에 비하여 대주주 또는 소수의 주주들에게 집중되었다.

2. 경영권을 안정적으로 확보하는 데 필요한 지분율은 α=0.1의 경우

4.89%, α=0.5의 경우 6.26%, α=0.01의 경우 8.86%를 보였으며, 대주주 지분율과 경영권확보지분율의 차이를 계산한 결과는, 우리나라 대주주들이 대체로 경영권확보를 위하여 필요한 지분율을 초과하여 주식을 소유하고 있는 것으로 나타났다.

둘째, 재무적 특성을 알아보기 위하여, 부채비율, 배당성향, 주식투자수익률, 그리고 총자본순이익률을 이용하였으며 그 결과는 다음과 같다.

1. 전체표본기업의 1987년부터 1993년까지의 평균 부채비율은 349.21%이며, 제조업보다는 비제조업이, 비재벌기업보다는 재벌기업이, 지분율 30%를 기준으로 경영자지배기업보다는 소유자지배기업의 부채비율이 더욱 높게 나타났다.

2. 전체표본기업의 평균 배당성향은 약 45.89%이며, 제조업보다는 비제조업이, 30대 비재벌기업보다는 30대 재벌기업이, 지분율 30%를 기준으로 소유자지배기업보다는 경영자지배기업의 배당성향이 더욱 높게 나타났다.

3. 기업성과의 대용변수인 주식투자수익률은 약 30.70% 정도이고, 제조업보다는 비제조업의 평균 주식투자수익률이 높게 나타나고 있으며, 재벌기업과 비재벌기업 간의 구분에 있어서는 큰 차이가 없게 나타났다. 또한 회계적성과변수인 총자본순이익률의 평균값은 약 2.53%이고, 비제조업보다는 제조업이, 재벌기업보다는 비재벌기업의 성과가 더욱 높게 나타났다. 한편 경영자지배기업과 소유자지배기업 간의 회계적성과와 증권시장에서의 성과는 서로 다른 결과를 보였다.

셋째, 주식소유집중정도의 결정요인에 대한 분석결과, 기업규모, 규제정도, 경영·통제의 분리정도, 그리고 위험정도는 대주주지분율과 통계적으로 유의한 부(−)의 관계를 보였지만, 기업역사와 대주주지분율과는 유의한 관계가 없는 것으로 나타났다. 하지만 위험은 다른 변수들을 포함시킨 모형에서 유의성이 발견되지 않아, 다른 요인에 비하여 소유집중정도에 미치는 영향이 낮은 것으로 나타났다.

넷째, 소유구조가 자본조달에 미치는 영향에 관한 가설검증 결과는 유의적이지 못하였다. 하지만 위험정도는 부채비율과 통계적으로 유의한 정(+)의 관계를 보였으며, 무상증자회수는 유의한 부(-)의 관계를 보였다. 그러나 매출액성장률, 총자산의 규모는 부채비율과 전혀 유의한 관계가 없는 것으로 나타났다.

다섯째, 소유구조가 배당에 미치는 영향에 관한 가설검증 결과는 유의성이 발견되지 않았다. 하지만 매출액성장률, 고정부채비율은 통계적으로 유의한 부(-)의 관계를 보였고, 대주주지분율, 위험, 기업의 규모는 배당성향과 통계적으로 유의한 관계가 없는 것으로 나타났다.

여섯째, 소유집중정도와 주식투자수익률과의 관계는 아래로 볼록한 곡선관계를 보였으며, 총자본순이익률과의 관계는 위로 볼록한 곡선관계를 보였다. 기업가치가 상승하는 부분은 주주이익합치가설로, 기업가치가 하락하는 부분은 주주이익침해가설로 설명하는 것이 타당하다고 볼 수 있다.

또한 주식투자수익률과의 관계에서는 체계적위험이 통계적으로 유의한 정(+)의 관계를 보였고, 총자본순이익률과의 관계에서는 체계적위험과 부채비율이 통계적으로 유의한 부(-)의 관계를 보여 주었다.

본 연구는 다음과 같은 몇 가지 한계점을 지니고 있는바, 향후 이에 대한 심도 있는 연구가 이루어져야 할 것이다.

첫째, 소유집중정도의 대용변수인 대주주지분율과 주요주주의 지분율을 보고된 자료만을 이용하였는데, 이는 실제와는 차이가 있을 것이라 본다.

둘째, 허핀달지수를 산정하는 데 있어서 주요주주만을 대상으로 하고 있는데, 범위를 확대시킬 필요가 있다고 본다.

셋째, 기업가치의 대용변수를 주식투자수익률과 총자본순이익률을 사용하였는데, 다른 변수를 통한 정밀한 분석이 이루어져야 할 것이다.

참고문헌

1. 국내문헌

김건우, "상장회사 전문경영체제의 확립에 관한 연구", 한국상장회사협의
회, 1992. 11, pp.38-40.

김석룡, "기업소유구조의 결정요인과 재무성과에 관한 실증적 연구", 박사
학위논문, 고려대학교 대학원, 1990. 7.

김주현, "기업의 소유구조와 기업가치의 연관성에 관한 연구", 재무연구 제
5호, 한국재무학회, pp.129-154.

남상구, "배당의 정보효과와 기업의 배당정책", 한국신용평가(주), 1988,
p.47.

______, "상장기업의 배당정책에 관한 연구", 한국상장회사협의회, 1988.
12.

신동령, "한국기업의 재무구조 결정요인에 관한 연구", 박사학위논문, 서울
대학교대학원, 1990. 8.

유승민, "우리나라 기업집단의 소유·경영구조와 정책대응", 한국개발연구
원, 제14권 제1호, 1992.

유승호, "우리나라 기업집단의 소유·경영구조와 정책 대응", 한국개발연
구, 한국개발연구원, 1992.

윤계섭, "한국기업의 소유와 경영의 분리 및 그 효과에 관한 연구", 경영연
구, 서울대학교, 1990.

임웅기, "기업소유구조와 자본시장발전", 한국신용평가(주), 1988, pp.68-82.

______, "상장회사의 소유구조와 경영권보호문제", 한국상장회사협의회, 1989. 11, pp.13-20.

최종인, "대주주지분율과 주식투자수익률 간의 관계에 관한 연구", 증권학회지 제13집, pp.187-205.

핫또리 타미오, "한국과 일본의 대기업 그룹비교", 이학종·정구현 외 공저, 한국기업의 구조와 전략, 법문사, 1986, pp.149-203.

홍현표, "한국재벌의 소유집중(그 원인과 결과)", 경영학연구 제41집 제1호, 경영학회, pp.239-263.

2. 외국문헌

Berle, Adolf A., and Means, Gardiner C., The Modern Corporation and Private Proverty, The Macmillan Co., New York, 1932

Bothwell, J. L., "Profitability, Risk, and The Seperation of Ownership from Control", Journal of Industrial Economics, 1980, pp.303-311.

Chandler, Alfled D., Jr., and Daems, Herman, Managerial Hierarchies, Cambridge, Mass: Harvard University Press, 1980, p.9.

Cubbin, John and Leech, Dennis "The effect of Shareholding Dispersion on the Degree of Control in British Companies: Theory and Mesurement", The Economic Journal, June 1983, pp.351-369.

David, Downes and Heinkel, Robert, "Signaling and Valuation of Unseasoned New Issues", Journal of Finance, March 1982, pp.1-10.

Demsetz, Harold, "The Structure of Ownership and The Theory of the Firm", The Journal of Law and Economics, Vol.26, No.2, June 1983, pp.375-390.

Demsetz, H. and Lehn, K., "The Structure of Corporate Ownership: Causes and Concequences", Journal of Political Economy, Vol.93, No.6, 1985, pp.1155-1177.

Dietrich, J. K, and Sorensen, E., "An Application of Logit Analisis to Prediction of Merger Target", Journal of Business Research, 1984, pp. 393-402.

Fama, Eugen F., "Agency Problem and The Theory of the Firm", Journal of Political Economy, Vol.88, No.2, April 1980, pp.288-307.

Fama, Eugen and Jensen, Michel, "Seperation Ownership and Control", Journal of Law and Economics, Vol.26, No.2, June 1983, pp.301-325.

__________________________________, "Agency Problems and Residual Claims", Journal of Law and Economics, Vol.26, No.2, June 1983, pp.327-349.

Fama, Eugen and Jensen, Michel, "Organizational Forms Investment Decisions", Journal of Financial Economics, Vol.14, No.2, June 1985, pp.101-109.

Grossman, Sanford and Oliver, Hart, "The Costs and Benefits of Ownership: A Theory of Vertical and Lateral Integration", Journal of Political Economy, Vol.94, 1986, pp.691-719.

Higgins, R. C., "The Corporate Dividend Saving Decision",Journal of Financial and Quantitative Aalisis, March 1972, pp.1527-1541.

Jensen, M. C., and Meckling, W. H., "The Theory of the Firm: Managerial Behavior Agency Costs, and Ownership Structure",Journal of Financial Economics, 1976, pp.82-137.

Jensen, M. C. and Warner, J. B., "Theory of Firm: Managerial Behavior

132

Agency Costs, and Ownership Structure", Journal of Financial Economics, 1976.

Kamerschen, D., "The Influence of Ownership and Control on Profit Rate", The American Economic Review, Vol.58, No.3, June 1968, pp.432-447.

Kim, Wi Saeng, and Sorenson, Eric H., "Evidence on the Impact of the Agency Cost of Dept on Corporate Dept Policy", Journal of Financial and Quantitative Aalisis, Vol.21, No.2, June 1986, pp.131-143.

Leland, H. E. and Pyle, D. H., "Informational Asymmetries, Financial Structure, and Financial Intermediation", Journal of Finance, May 1977, pp.371-387.

Lim Ung-Ki, "Capital Structure Decision of Korean Firms in Relation to Their Corporate Ownership Structure and Other Key Variables", Social Science Journal, 1982, pp.121-141.

Lloyd, William P., Jahera, John S. and Page, Paniel E., "Agency Cost and Dividend Payout Ratio", Quartely Journal of Business Economic, Vol.24, 1985, pp.19-29.

McConnel, John J. and Servaes, Henri, "Additional Evidence and Equity Ownership and Corporate Value", Journal of Financial Economics, Vol.27, 1990, pp.595-612.

Monsen, J., Chiu, J. S. and Cooley, D. E., "The Effect of Separation of Ownership and Control on The Perfomance of The Large Firm", Quartely Journal of Economics, 1968, pp.435-451.

Morck, R., Shleifer, Andrei and Vishny, Robert W., "Management-Ownership and Market Valuation: An Empirical Analysis",

Journal of Financial Economics, Vol.20, 1988, pp.293-315.

Myers, S., "Capital Structure Puzzle", Journal of Finance, July 1984, pp.575-592.

Myers, S. and Majulf, "Corporate Financing and Investment Decision When Firms Have Information Investors Do Not Have", Journal of Finance Economic, June 1980, pp.187-221.

Palmer, John, "The Profit Performance Effects of the Separation of Ownership from control in Large U.S. Industrial Corporations", The Bell Journal of Economics and Managerial Science, Spring 1973, pp.293-303.

Pound, John, "Proxy Contests and The Efficiency of Shareholder Oversight", Journal of Financial Economics, Vol.20, 1988, pp.237-265.

Prowse, Stephen D., "Institutional Investment Patterns and Corporate Financial Behavior in the United States and Japan" Journal of Financial Economics, 1990, pp.43-66.

_________________, "The Structure of Corporate Ownership in Japan", Journal of Finance, July 1992, pp.1121-1140.

Rita, R. C., "Comment on the Structure of Ownership and Theory of the Firm", Journal of Law and Economics, Vol.26, June 1983, pp.391-393.

Rozeff, M. S., "Growth, Beta and Agency as Determinants of Dividend Payout Ratio", Journal of Financial Research, Vol.5, 1982, pp.249-259.

Salamon, Gerald L. and Dan, Smith, "Coporate Control and Managerial Misrepresentation of Firm Performance", The Bell Journal of

Economics, Vol.10, No.1, Spring 1979, pp.319-328.

Stano, Marion, "Monopoly Power, Ownership Control, and Coporate Performance", The Bell Journal of Economics, Vol.7, No.1, Autumn 1976, pp.672-679.

Stulz, Rene M., "Managerial Control of Voting Right: Financing Policies and Market for Corporate Control", Journal of Financial Economics, Vol.20, 1988, pp.25-54.

Wruck, K. H., "Equity Ownership Concentration and Firm Value: Evidence from Private Equity Financings", Journal of Financial Economics, Vol.23, 1989, pp.3-28.

· **저자** ·

송영렬
(宋晭烈)

· **약 력** ·

단국대학교에서 경영학박사학위를 취득하였으며, 현재는 안양대학교 경영학과 겸임교수 및 한국방송대학교, 단국대학교, 경원전문대 초빙교수를 역임하고 있다.
경영지도사 자격을 취득하여 중소기업 경영컨설팅을 하고 있고, 소상공인지원센터의 전문컨설턴트로 활동하고 있으며 주식회사 에프씨씨의 경영자문교수로 활동하고 있다.
국민경제경영연구소의 연구위원으로 다양한 국책사업 및 경영전략 그리고 사업타당성분석 등의 프로젝트를 수행하고 있다.

· **주요저서** ·

대표저서로는 『수험경영학』, 『21세기의 기업경영혁신』, 『재무관리의 이해』, 『증권투자론』, 『지식경영론』 등이 있고, 30여 편의 논문이 있다.

소유구조와 재무의사결정 및 기업가치

· 초판 인쇄	2006년 10월 30일
· 초판 발행	2006년 10월 30일
· 지 은 이	송영렬
· 펴 낸 이	채종준
· 펴 낸 곳	한국학술정보㈜
	경기도 파주시 교하읍 문발리 526-2
	파주출판문화정보산업단지
	전화 031) 908-3181(대표) · 팩스 031) 908-3189
	홈페이지 http://www.kstudy.com
	e-mail(출판사업부) publish@kstudy.com
· 등 록	제일산-115호(2000. 6. 19)
· 가 격	19,000원

ISBN　89-534-5176-0 93320 (Paper Book)
　　　　89-534-5177-9 98320 (e-Book)